Les gdm's ça marche ou pas ?

Comment faire des disciples dans nos groupes de maison ?

Philippe Joret

Du même auteur :

Francement… un jour nouveau sur le pays.

Ce livre est un carrefour entre l'histoire, l'actualité et la destinée de notre nation. Il est aussi un pont entre la vision chrétienne du monde et le regard sociologique sur la France. De plus en plus, dans le monde entier, la France est considérée comme une nation ayant un grand enjeu. Les prophètes en parlent, les intercesseurs pleurent et jeûnent pour ce pays, les politiciens la regardent comme étant une plaque tournante.
Qu'en est-il des chrétiens français ? Sommes-nous motivés pour prier pour ce pays ? Aimons-nous notre nation avec l'amour du Seigneur ? Quels sont les facteurs de bonne santé qui pourraient ramener notre pays dans sa destinée glorieuse et guérir les douleurs de ses déchirures ? Comment le Royaume de Dieu pourrait-il se manifester dans ce pays ? Comment pouvons-nous nous impliquer dans ce que le Seigneur veut faire pour ce pays ?
La communication d'une passion et d'une vision pour faire d'une nation des disciples. 18,60 €

Branchés sur la vie.

Comment développer votre vie de prière ? Je n'ai pas une attirance naturelle pour les choses mystiques. Je suis quelqu'un qui aime la vie. Pourtant, j'ai appris à intégrer la présence de Dieu comme un besoin vital. J'ai appris que l'habitude a un pouvoir plus grand que le désir. Votre personnalité est formée par vos habitudes. La prière n'est pourtant pas un exercice de piété. Elle est une façon de puiser à la vie. Prier, c'est se connecter sur la personne de Dieu et recevoir Sa vie. La prière est une question de vie ou de mort. Voici réunis des modèles de prière qui vont servir d'ossature à votre relation avec Dieu. Ces parcours de prière peuvent changer votre vie et faire basculer les défis de notre temps du bon côté. L'enjeu en vaut la peine.
Une mine précieuse pour développer votre relation avec Dieu de façon très pratique. 15,00 €

Vous trouverez, page 95, une liste de fascicules, écrits par le même auteur, pour l'édification personnelle ou la formation dans l'Église.

Pour toute commande :
Alpha, Omega
1 place du minervois
34080 Montpellier.

Philippe.joret@clevangile.org

ISBN 2- 9515005-2-1

Remerciements

Merci à ceux qui m'ont aidé à définir ce que nous faisons dans nos groupes de maison. Dans les années 70, j'ai appris la force des groupes de prière avec « le lien des cellules de prière », comme les chrétiens coréens nous l'ont démontré.

Mes amis anglais comme **Tony Morton** ou **David Adcock** m'ont communiqué une soif de donner un contenu pastoral et relationnel à la vie de groupes.

Puis, l'expérience m'a enseigné à développer un parcours systématique de formation de disciple. Je veux remercier tous ceux qui ont accepté patiemment de me suivre dans cette découverte : les croyants de la **Communauté chrétienne** de **Montauban** et ceux du **Centre Languedoc Évangile** à Montpellier. Merci à vous tous qui avez permis que soient testées les leçons partagées dans ce cours et qui vont aider un grand nombre à développer leur vie de disciples.

Merci à **Patrick Fontaine**, mon ami, qui a tellement insisté pour que cet outil soit diffusé au-delà de notre Église. Sans toi, ce manuel n'existerait pas ! Quand tu as dit : « Je ne suis pas chaud pour les groupes de maison, mais abordé de cette façon, je suis partant à fond ! », tu m'as donné la confiance de communiquer cet outil au Corps de Christ.

Merci à **Isabelle**, mon épouse, qui a souvent été notre meilleur responsable de groupe de maison. La façon dont tu développes les groupes en libérant les ressources des personnes qui t'entourent est une grande inspiration. Tu as montré que les groupes peuvent se développer et se multiplier, même en France !

Merci à **Christiane Pfender** pour les aides et les corrections. Merci pour la rédaction de la session sur les cours Alpha… Tu es une personne exceptionnelle et tes élèves le reconnaissent volontiers ! Nous aussi…

Merci à **Jean-Luc Menut**, une fois encore ! et à **Valérie** ton épouse, pour votre travail de fourmi, si minutieux et encourageant. Vous êtes davantage que des aides. Comment ferais-je sans vous ?

Merci à **Philippe M.** pour ton travail pour la couverture. L'air normand aide à conserver le « sang froid ».

Merci à **Annie Gonzales** pour la promptitude et la minutie dans le travail de relecture. J'espère que nous n'avons pas trahi ta qualité.

Merci à Celui qui a dit : « Faites de toutes les nations des disciples ». J'aime Ton salut, Ta volonté, l'excellence de Tes voies et Ton projet pour ton Église. Tu fais tout à merveille ! Que cet ouvrage contribue à atteindre l'objectif que Tu nous a fixé, contribuant à restaurer Ton Église dans un label de qualité. Tu es Seigneur de gloire !

SOMMAIRE

Introduction
Les GDM'S, ça marche ou pas ?

Cet ouvrage est un manuel de travail. En ce sens, il arrive que la rédaction aille à l'essentiel et manque quelque peu de formulation littéraire. La base de cet ouvrage ne repose pas sur des idées à mettre en pratique, mais sur des pratiques que nous avons mises en paroles ou plutôt par écrit. L'atelier de ces pratiques est une Église locale : le Centre Languedoc Évangile à Montpellier. Pendant plusieurs années, nous avions défini nos buts pour nos groupes de maison, mais nous manquions singulièrement d'outils précis pour les atteindre. Les références au Centre Languedoc Évangile ne sont pas destinées à faire miroiter quoi que ce soit, mais elles permettent simplement de visiter une Église locale en recherche et en progression en ce début de XXIe siècle en France.

La base de cet ouvrage ne repose pas sur des idées à mettre en pratique, mais sur des pratiques que nous avons mises en paroles. Mangeriez-vous d'une soupe à laquelle le cuisinier ne goûte pas ?

Chaque Église ou pasteur peut avoir le loisir d'adapter ou d'adopter notre programme. Il est néanmoins rassurant de savoir que ce qui est écrit et proposé est un fruit issu du vécu. J'ai rarement confiance quand un homme rédige un traité sur le pilotage et que sa qualification n'est qu'un amour passionnel pour les avions. De même, j'ai lu et vu des ouvrages sur les groupes de maison, rédigés par des gens qui, bien que sincères et intéressants, n'en ont pas éprouvé la valeur par la pratique durable. Mangeriez-vous d'une soupe à laquelle le cuisinier ne goûte pas ?
Depuis plusieurs années, nous entendons parler des cellules ou des groupes de maison. Tant de modèles différents ont été proposés. Et j'ai entendu tant d'Églises et de pasteurs abandonner la pratique des groupes de maison en disant : « Chez nous, ça ne marche pas. »
L'intérêt de ce manuel est d'abord qu'il est davantage destiné au fonctionnement qu'à la réflexion sur le concept des groupes de maison. Ensuite, ce manuel est incarné dans la culture francophone et française. J'ai toujours été surpris d'entendre ce que les Coréens acceptent de vivre dans leurs cellules. Les Français ne ressemblent pas aux Coréens. Ils ont besoin de davantage de relations et de participation. De même, les groupes colombiens demandent un rythme de vie et un engagement que peu de Français peuvent donner, compte tenu de la vie sociale et professionnelle dans ces différents pays (parfois aussi du degré de consécration, il faut le dire.) Les amis anglais ont aussi leur approche des groupes de maison. En Angleterre, c'est très doux, indirect, feutré, encourageant et « so cute » (si mignon). Mais un Anglais ne ressemble pas entièrement à un Français, même si tous deux sont Européens ! Les Français sont plus directs, critiques, contestataires, idéalistes et passionnés.
Toutefois, dans les deux pays, comme dans tous les pays du monde, l'ordre de Jésus demeure : Faites des disciples ! Mais l'approche et la méthode peuvent varier selon les lieux, les cultures et les époques.

Les références au Centre Languedoc Évangile ne sont pas destinées à faire miroiter quoi que ce soit, mais elles permettent de visiter une Église locale en recherche et en progression en ce début de XXIe siècle en France.

La contextualisation est indispensable à la mise en pratique de l'Évangile. Ceci étant, je crois que bon nombre de groupes de maison se sont appuyés sur des approches « importées » et non adaptées. Ce manuel est conçu pour avoir une approche relationnelle, participative, et assez directe dans la façon de faire des disciples.

Encore un mot : il est tellement précieux que chaque membre du groupe ait ce manuel en mains. Nous avons constaté que la mesure de qualité des échanges augmentait quand chaque croyant peut consulter à l'avance le thème abordé, les références et les questions. Le temps gagné sur la communication des informations se reporte sur le partage des cœurs et les échanges autour des questions. Ainsi, la richesse relationnelle augmente quand l'information est déjà à la portée de chacun.

Et enfin : le nombre de sessions, proposé dans ce manuel, requiert un rythme assez soutenu. Vous pouvez décider de vous attarder sur certains thèmes en faisant deux sessions au lieu d'une. C'est bien souvent notre cas, en ce qui concerne le service par exemple.

POURQUOI DES GROUPES DE MAISON ?

Introduction

Les relations : la pauvreté de l'Occident est la solitude

Dans notre société occidentale, les relations sont souvent pauvres et superficielles. Les groupes de maison ont pour vocation d'offrir des espaces de partage, de connaissance mutuelle, d'ouverture et d'expression que nous ne trouvons pas dans l'Église. Le groupe de maison (GDM) est avant tout un groupe de personnes et non pas une réunion de plus.

Un pastorat multiplié : placer le ministère de Jésus dans les mains des croyants

Le terme *les uns les autres* est davantage présent dans le N.T., que le terme *pasteur*. Pourtant, les croyants ont été « cléricalisés » à tel point, qu'ils veulent souvent que tout passe par le pasteur. Les pasteurs eux-mêmes parfois veulent tout avoir sous la main et ils s'épuisent et fatiguent les foules qui les suivent.
Lors de la Réforme du XVIe siècle, la Bible a été transférée des mains du clergé dans les mains de tous les croyants. Dans cette réforme actuelle de l'Église, c'est le ministère de soins (le pastorat), qui est transféré des mains du clergé aux mains des croyants. L'expression *les uns les autres* va retrouver toute sa dimension. Je ne dis pas que cela doit se faire sans aucune formation, ni sans aucune précaution, mais je dis que tant que nous croirons que notre épanouissement dépend d'un grand homme de Dieu et non de la vie du Seigneur qui est dans le Corps (les uns les autres), nous serons frustrés et en dehors du plan de Dieu révélé dans Sa parole. Moïse nous en donne une préfiguration dans le livre de l'Exode :

> Exode 18:17-26 : « Le beau-père de Moïse lui dit : Ce que tu fais n'est pas bien. Tu t'épuiseras toi-même, et tu épuiseras ce peuple qui est avec toi ; car la chose est au-dessus de tes forces, tu ne pourras pas y suffire seul… Choisis parmi tout le peuple des hommes capables, craignant Dieu, des hommes intègres, ennemis de la cupidité ; établis-les sur eux comme chefs de mille, chefs de cent, chefs de cinquante et chefs de dix. Qu'ils jugent le peuple en tout temps ; qu'ils portent devant toi toutes les affaires importantes, et qu'ils prononcent eux-mêmes sur les petites causes. Allège ta charge, et qu'ils la portent avec toi. Si tu fais cela, et que Dieu te donne des ordres, tu pourras y suffire, et tout ce peuple parviendra heureusement à sa destination. Moïse écouta la voix de son beau-père, et fit tout ce qu'il avait dit. Moïse choisit des hommes capables parmi tout Israël, et il les établit chefs du peuple, chefs de mille, chefs de cent, chefs de cinquante et chefs de dix. Ils jugeaient le peuple en tout temps ; ils portaient devant Moïse les affaires difficiles, et ils prononçaient eux-mêmes sur toutes les petites causes. »

Le modèle du pasteur unique est dénoncé ici comme une source d'épuisement et d'insuffisance. L'équipe pastorale et les responsables des GDM sont associés au ministère de berger (pasteur). Ce pastorat multiplié est vécu en délégation du pasteur principal et de l'équipe. Mais nous voulons multiplier encore davantage le ministère de berger à tous les croyants des GDM,

> 1 Corinthiens 12:25 : « Afin que les membres aient également soin les uns des autres. »

Faire des disciples

En plus de cela, Jésus ne nous a jamais dit : « Allez, faites des réunions », mais : « Allez, faites des disciples ». Les Églises fonctionnent souvent sur des modèles créés dans les siècles passés, alors qu'ils correspondaient à une certaine stratégie, adaptée à cette époque, pour faire des disciples.
Dès le XVIIIe siècle, Wesley a créé un modèle de groupes de disciples, rassemblés autour de l'objectif de transformer les nouveaux croyants en disciples et d'atteindre le plus grand nombre de personnes pour en

faire de nouveaux disciples. Ce modèle suivait une méthode qui a été très efficace pour atteindre l'Angleterre en quelques décennies. On a appelé les gens issus de ce mouvement les méthodistes.
Wesley n'avait pas inventé les groupes de maison ; ils existaient déjà au temps des premiers chrétiens. Il a seulement adapté ce principe aux besoins de son temps et de sa culture.
De nombreux modèles sont apparus depuis. Nous avons tous entendu parler de l'Église de Séoul, avec le pasteur Y. Cho, qui déclare avoir à la fois la plus petite et la plus grande Église du monde. Puisque son Église qui approche le million de membres est composée de cellules de dix à douze personnes et que c'est là que réside, selon lui, une clé pour la croissance.
Nous avons entendu parler des « house churches » en Angleterre, qui dans les années 1970 et 1980 ont commencé des Églises, ayant comme base pastorale les groupes de maison. C'est là que chacun apprenait à louer le Seigneur, à exercer les dons spirituels, à partager avec les autres.
Nous avons ensuite entendu parler des mouvements d'Amérique latine, comme celui de Bogota et le principe du G12 . Ce modèle génère une énorme croissance dans le mouvement de croissance en Colombie. Il est repris à plusieurs endroits du monde avec plus ou moins de succès. Il s'agit de former un groupe de douze disciples qui, eux-mêmes, vont former leurs propres groupes de douze et ainsi de suite. Ce mouvement se base sur quatre phases : l'évangélisation, la consolidation, la formation, la mission.
Larry Stockstill a aussi écrit sur un modèle de croissance qui a très bien fonctionné aux USA pour la croissance des Églises. On a également parlé des « free market cells-churches », c'est-à-dire des cellules de marché libre (thème et développement libres) en plusieurs Églises du monde, qui fonctionnent très bien.
On pourrait encore citer les cellules de reproduction 5x5... dans lesquelles chacun des cinq croyants de base va trouver cinq contacts dans son environnement et les autres vont appuyer la création des cellules qui vont naître à partir de ces contacts.
Et comme Dieu est créatif, il n'y a pas un modèle unique ! Il n'a pas créé une seule sorte de fleur, mais toutes sortes de fleurs qui se développent mieux selon les saisons et selon les climats et les terres du monde.
Le principe est clair : faire des disciples. Le principe doit rester, la méthode peut varier
Jésus nous demande de faire des disciples et Il l'a fait en ayant un groupe de personnes qui L'ont suivi de près et qu'Il envoyait pour multiplier le nombre de disciples.
Il est clair qu'aujourd'hui, dans le monde entier, toutes sortes de groupes et de cellules se forment. La stratégie du Seigneur est claire : un groupe relationnel formé comme des disciples qui seront envoyés pour atteindre leur environnement pour faire de nouveaux disciples. Quel que soit le modèle, le principe de fond réside ici. Le principe doit rester et la méthode peut varier.
Notre propos ici n'est pas d'étudier tous les styles et modèles de groupes de maison et cellules, mais de définir notre modèle, qui repose sur le même principe biblique, énoncé et vécu par Jésus et les apôtres. Faire des disciples !

1. Les quatre buts de nos GDM

Une dynamique de relations

Un soutien fraternel et un service mutuel qui dépassent le cadre de la réunion du groupe. C'est avant tout un groupe de personnes qui sont reliées pour mettre en pratique les commandements d'amour, de pardon, de soutien et de service que nous trouvons dans le Nouveau Testament.

Une école de disciple pour apprendre à pratiquer les enseignements

Les enseignements donnés dans l'Église ne permettent pas à chacun de poser des questions ou se positionner. Le groupe de maison permet cela par une dynamique d'échanges, de témoignages et de questions sur le thème abordé. Au lieu d'en rester à des concepts, chacun est invité à s'ouvrir, se positionner et appliquer la Parole à sa vie. Notez bien le mot *observer* dans le mandat de Jésus. Nous n'avons pas un appel à enseigner seulement, mais un appel à accompagner la pratique.

Matthieu 28:20 : « Enseignez-leur à observer tout ce que je vous ai prescrit. »

Un atelier d'apprentissage pour l'exercice des dons et du ministère
C'est un espace dans lequel chacun peut exercer plus librement les dons spirituels et le ministère de Jésus les uns pour les autres. L'un apprend à s'ouvrir et à s'exprimer, l'autre apprend à prier à voix haute, à servir dans l'hospitalité, la louange ou la compassion.

1 Pierre 4:10 : « Que chacun de vous mette au service des autres le don qu'il a reçu du Seigneur. »

Une base de prière et de salut pour notre entourage et nos proches
Nous croyons que le GDM est une ambassade de l'Église dans un quartier. Les relations de voisi-nage, de travail et de famille seront des préoccupations portées ensemble. A partir de là, le groupe sera une source de motivation pour l'évangélisation et le service de nos proches et du quartier.

2. Les réunions de GDM

Les réunions ne doivent pas se substituer à la vie et aux relations des membres hors du groupe, mais elles servent les quatre buts énoncés.
La durée typique est de **2 heures maximum** !

Le contenu type :
– Accueil et questions de convivialité .... 15 mn
– Prière et louange .... 15 mn
– Présentation du thème et questions de la soirée (rappel de la trame de l'enseignement) .... 20 mn
– Partages, questions, témoignages en relation avec le thème .... 40 à 50 mn
– Prière pour les besoins personnels .... 10 mn

UN PROGRAMME EN DEUX SAISONS

Les sessions de la formation de disciples

1. Convivialité, découverte et communication.
2. Convivialité et règles de bon fonctionnement.
3. Convivialité et buts du groupe de maison.
4. Communiquer son témoignage de conversion.
5. Fiche : prier pour les amis.
6. Repentance et œuvres dignes de la repentance : « Remember the chicken ».
7. Communier avec Dieu par la prière.
8. Communier avec Dieu par Sa Parole.
9. Vivre l'Église.
10. Soirée fraternelle : repas, jeux ou sortie…
11. Des relations saines : les piliers de l'amour.
12. L'attitude envers les responsables et les autorités.
13. Libéralité et générosité.
14. Des relations saines : A table !
15. Soirée prier pour nos amis.
16. Le service : l'esprit de service et vos atouts pour servir.
17. Communiquer l'Évangile.
18. Préparation au cours Alpha et autres outils.
19. Bilan de formation de disciples.
20. Repas de clôture et invitations des contacts.

Un défi : Gagner 70 % de l'Église locale à la vision et à la pratique des GDM.

« Le but du jeu » : quand vous êtes sur un terrain de hand-ball et vous touchez le ballon au pied, c'est une faute, car c'est avec la main que ce jeu se joue. Par contre au football, c'est l'inverse. En sachant le but et les règles du jeu, c'est bien plus intéressant.

Ici, nous sommes dans une école de formation de disciples. Le but n'est pas l'enseignement, mais l'intégration de l'enseignement à nos vies pratiques. Les habitudes intégrées forment un caractère. Nous voudrions que cette formation du disciple pose des habitudes de vie qui modèlent un caractère et une vie dans les voies de Dieu.

Ce qui est ciblé est le bilan de formation de disciple (session 19). Vous pouvez participer à ces sessions en demandant à votre responsable un bilan de formation de disciple tout au long de la session. Pour cela, il devra valider que les éléments partagés sont intégrés à votre vie. Il s'intéressera à votre marche et à vos progrès de façon toute spécifique, avec votre accord et sur votre demande. Si vous préférez ne pas valider cette formation de disciple, vous pouvez participer pour votre édification et envisager de le faire plus tard.

Les cours Alpha

Nous allons utiliser les cours Alpha dans nos GDM à la fin de la session de formation de disciples. Car Jésus nous a dit de faire des disciples, c'est-à-dire d'amener à la maturité ceux qui ont commencé à marcher avec Lui, mais aussi de faire de nouveaux disciples par l'évangélisation.
Le cours Alpha n'est pas l'outil parfait et unique, mais c'est un bon outil qui permet de faire des disciples parmi nos relations et amis.
Après la fête de l'Évangile au printemps, nous aurons une saison dans laquelle nous mettrons en pratique ce mandat de Jésus de faire de nouveaux disciples. Pour cela, le cours Alpha sera notre outil.
Il s'agit de quinze sessions vécues sur dix semaines dans lesquelles nous cheminons avec nos invités dans une découverte du message de Jésus et de la foi chrétienne.
Ces cours seront donnés par vidéo ou par des personnes présentant le contenu du message, autour de tables bien garnies de desserts en tout genre. Ensuite, de petits groupes de discussion se forment autour de quelques animateurs.
Le week-end Alpha est un moment fort de cette session et bien souvent c'est à cette occasion que le Saint--Esprit remplit les participants.
Ce cours, initié dans une Église anglicane de Londres (HTB), est utilisé aujourd'hui dans toutes sortes d'Églises. Il est recommandé par les évêques de France comme un outil de redécouverte de la foi, il est utilisé par des Églises protestantes ou évangéliques, traditionnelles ou novatrices.

Les deux saisons, comme le faisait Jésus...

Telles sont les deux saisons de notre vie d'Église, qui correspondent à la façon dont Jésus exerçait le ministère, avec Ses disciples. Il les formait à part, puis les envoyait en mission et les formait de nouveau.
Ce rythme permet une bonne respiration entre le fait de recevoir et de donner ; de travailler et de se laisser travailler.
Il arrive que des groupes d'évangélisation finissent par épuiser les ouvriers, qui n'ont pas de saison pour leur propre restauration ou leur formation. Par ailleurs, un certain nombre d'Églises (plus nombreuses que les premières !) ne font que nourrir les croyants, sans jamais les placer dans les conditions de pouvoir donner aux personnes qui nous entourent. L'équilibre est facteur de bonne santé à long terme.

Que faire si j'ai déjà fait trois fois une formation de disciple ?

Tout d'abord, le fait d'avoir suivi une formation n'est pas une garantie d'avoir acquis cette formation dans votre vie. Les Églises sont pleines de gens qui ont entendu parler de la prière ou du pardon et qui, pourtant, ne prient pas régulièrement ou nourrissent du ressentiment. La question n'est pas d'avoir entendu une formation, mais de l'avoir acquise dans notre vie.
Ensuite, si vous avez suivi une formation de disciple et qu'elle est acquise, pourquoi ne pas devenir un accompagnateur de ceux qui ne l'ont pas encore acquise ? Vos expériences, vos témoignages vont enrichir les autres. Lorsque quelqu'un est passé par des sommets en montagne, il peut décider d'être un guide ou une aide pour ceux qui risquent de se perdre, de se décourager, de vouloir abandonner…

> 2 Timothée 2:2 : « Et ce que tu as entendu de moi en présence de beaucoup de témoins, confie-le à des hommes fidèles, qui soient capables de l'enseigner aussi à d'autres. »

Bien souvent, un cœur d'accompagnateur est heureux de retransmettre, d'aider l'autre à franchir l'obstacle et en cela démontre un cœur pastoral, un cœur d'aîné ou de père.
En ce sens, nous mettons en pratique la parole de Dieu qui nous demande de prendre soin les uns des autres.

Enfin, si vous n'avez pas réussi à aider d'autres ou que vous l'avez fait, mais que vous vouliez aujourd'hui passer à autre chose pour vous-mêmes ou dans un autre domaine, il existe les cellules à thème. Ces cellules fonctionnent autour d'un domaine d'intérêt commun, avec quelques lignes de conduite.

Les cellules à thème

Les conditions pour commencer une cellule à thème :

1. Avoir suivi le cursus de disciple et qu'il soit acquis. Cela est validé par un responsable de GDM.
2. Présenter un programme à la coordination des GDM deux mois à l'avance.
3. Le groupe dure six mois et se dissout, se renouvelle ou se dédouble selon l'expérience.
4. Les personnes qui seront invitées en tant que non-croyants doivent pouvoir trouver une communication de l'Évangile au travers du thème abordé : Couples, chefs d'entreprise, célibataires, étudiants, sportifs, musiciens, danseurs, etc.

Les groupes de contact

Ces groupes durent une heure… C'est à la portée de chacun.
Le but est le contact avec les voisins ou les collègues. L'idée de base est de proposer une rencontre autour d'un café dans le but de se connaître, d'échanger les choses importantes de nos vies. Par exemple, deux ou trois femmes chrétiennes vivant dans une certaine proximité géographique proposent à des voisines de se retrouver tel jour à telle heure pour un moment d'échanges. Cela peut durer six semaines, après quoi on peut voir celles qui veulent aller plus loin dans une recherche de foi.
Ensuite, ces personnes peuvent éventuellement joindre un cours Alpha ou un groupe de maison, voire une cellule à thème.

Session 1
CONVIVIALITÉ

Questions de convivialité

Les trois premières sessions ont pour but de tisser des liens fraternels entre les personnes du groupe, tout en comprenant les principes de fonctionnement d'un bon groupe de maison.

But

Se connaître réciproquement est le commencement de la relation fraternelle.
Nous allons apprendre à connaître et se laisser connaître. L'amour repose sur la connaissance de l'autre et le désir de se laisser connaître. La notion de réciprocité est tellement présente dans l'Écriture. Jésus a formé Ses disciples dans une dynamique relationnelle dans laquelle on se soutient les uns les autres, on s'encourage, on s'exhorte.

Se présenter

Dire son nom, prénom, profession, situation familiale...
Pouvez-vous raconter un ou deux souvenirs d'enfance agréables ou drôles ?

Questions utiles

Afin de partager nos cœurs, briser la glace, et développer l'intimité dans un climat de confiance, ces questions peuvent être utilisées :
– Racontez les deux meilleurs moments de votre vie ?
– Quel est votre acteur comique préféré ?
– Racontez un événement qui vous a fait rire.
– Les gens seraient surpris de savoir que je...

Chaîne de communication, de prière et de suivi :

Pour plus de réciprocité... Est-ce que **vous veillez** sur quelqu'un dans la prière ? Faites-vous partie d'une triplette ?
Nous allons commencer à structurer la prière, la communication et le suivi téléphonique de cette façon.

Action conséquente

Que chaque GDM fasse une liste des membres, qu'elle soit communiquée dans le GDM.
Chaque membre du GDM doit avoir la liste et connaître les coordonnées de tous les autres.
Chaque membre du groupe va s'engager à prier au moins une fois dans la semaine pour le suivant, à l'appeler au téléphone pour l'encourager brièvement ou prendre des nouvelles.
De même, en cas de besoin d'informations à communiquer, la chaîne va fonctionner pour que chacun soit au courant dans les plus brefs délais. S'il n'y a personne, vous êtes prié de laisser le message sur le répondeur ou d'appeler la personne suivante.
La chaîne de communication doit finir avec la personne du départ, qui est souvent le responsable de GDM. Faisons un essai régulièrement.
A titre d'exemple, voici la chaîne de communication d'un GDM en 2002.

Exemple de chaîne de communication
(Les dates sont celles des anniversaires qui sont célébrés dans le cadre du GDM.)

Chaîne de communication du GDM Ouest

Isabelle J.
04.67.72.xx.xx
isabellej@xxx.com
26 juin

Évelyne C.
04.67.03.xx.xx
13 février

Christiane P.
04.67.27.xx.xx
christianep@xxx.fr
13 septembre

Rosie S.
04.67.92.xx.xx
31 octobre

Claire S.
04.67.27.xx.xx
21 juin

Marie-Agnès T.
04.67.44.xx.xx
06.82.58.xx.xx
11 décembre

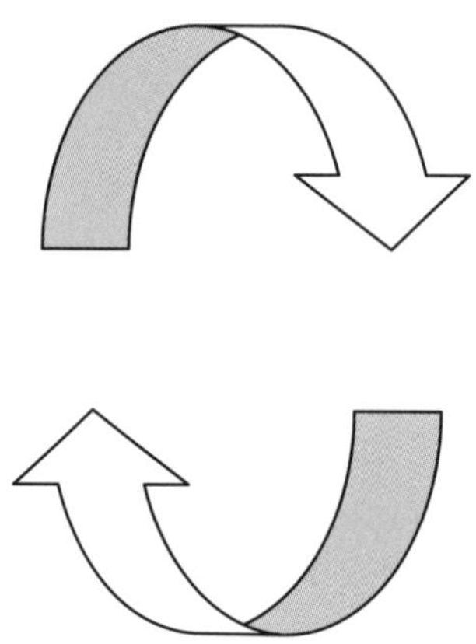

Gévy A.
04.67.47.xx.xx
2 novembre

Géraldine L.
04.67.75.xx.xx
30 janvier

Bernadette G.
04.67.20.xx.xx
06.07.36.xx.xx
3 mai

Ève Emmanuelle R.
04.67.42.xx.xx
eveer@xxx.com
9 juin

Hélène K.
04.67.22.xx.xx
helenek@provider.org
30 août

Annie G.
04.67.27.xx.xx
5 février

Margaret G.
04.67.70.xx.xx
20 juin

Sandrine M.
04.67.99.xx.xx
06.99.07.xx.xx
18 août

Isabelle C.
04.66.51.xx.xx
06.66.61.xx.xx
28 février

Session 2
CONVIVIALITÉ

Questions de connaissance mutuelle

Il est difficile de s'aimer sans se connaître. Connaître et être connu est le début de notre marche d'amour.

- Pouvez-vous raconter un ou plusieurs moments difficiles de votre vie ? Comment vous en êtes-vous sorti ? Avez-vous vu une intervention de Dieu ?
- Quel est le plus grand compliment que vous avez reçu ?
- Qu'est-ce qui vous apporte du bonheur ? Qu'est-ce qui vous contrarie ou vous décourage ?
- Y a-t-il un problème qui revient souvent dans votre vie (famille, santé, profession, caractère...) ?

Les règles de bon fonctionnement du GDM

1. Nous sommes invités dans une maison, à une réunion de famille : il faut prévenir si nous ne pouvons venir ou arriver avec humilité si nous sommes en retard.
2. Être connu et connaître est l'un des buts du GDM et, par cela, il peut créer un climat propice à la croissance. Bannir les mauvaises dispositions de cœur. On peut avoir un problème mais le statu quo pour ne pas en sortir est insupportable...
3. La sensibilité envers les non-croyants et les nouveaux membres. S'ouvrir à eux, sans avoir un comportement faux, prosélyte, jaloux ou paternaliste.
4. Les relations en dehors des réunions, à commencer par deux coups de fil dans la semaine, juste pour s'intéresser à l'autre et s'engager à prier pour ce qu'il va nous dire. L'accueil ne doit pas être qu'en réunion !
5. La participation de chacun : dans la prière et la louange, dans les échanges. Donc l'écoute de l'autre aussi. Dans le service : anniversaires, agape, sorties, etc. C'est un atelier dans lequel nous avons le droit à la prise de risque et à l'apprentissage.
6. Viser une croissance du groupe pour une subdivision. Les groupes qui restent trop longtemps ensemble deviennent comme des clubs dans lesquels les règles invisibles d'intégration sont difficiles à déchiffrer.
7. Le déroulement de la réunion se fait dans un cadre souple, mais précis. Louange. Partage sur le thème, se positionner personnellement en étant vulnérable, prier les uns pour les autres. Fraternité autour d'un gâteau ou autre...

Session 3
CONVIVIALITÉ

Questions de convivialité

– Pouvez-vous raconter une des choses les plus difficiles que vous avez eu à faire ?
– Pouvez-vous raconter une grande déception ?
– Quel cadeau avez-vous reçu que vous n'oublierez jamais ?
– Ce que vous aimez faire dans votre temps libre, c'est…
– Les trois ou quatre passions qui vous animent…

Les buts du GDM et déroulement des mois à venir

Les quatre buts du GDM

1. Développer les relations interpersonnelles hors réunions : Un moyen d'intégrer, d'apprendre à se connaître de plus près et à s'aimer.
2. Le but est de pouvoir mettre en pratique la parole de Dieu sur un plan relationnel possible.
3. Une base de prière et de salut pour le voisinage et les proches
4. Un atelier d'apprentissage pour les dons et l'exercice des responsabilités.

La fraternité n'est pas un repli sur soi dans un petit groupe atteint de « koinonite aiguë » (inflammation de la communion fraternelle). Elle est une communion ouverte, facteur d'intégration et non d'exclusion. Un groupe sain s'élargit et invite, intègre.
Chaque groupe de maison est appelé à se démultiplier ! Nous visons à nous répandre dans toute l'agglomération et la banlieue comme le sel dans tout le plat. Se séparer au bout de quelque temps (une année ou deux) est une évolution saine dans la mesure où c'est une démultiplication. Les adjoints des GDM vont partir avec quelques-uns pour commencer un GDM nouveau.
Notre vocation est donc de multiplier de façon saine, sans forcer ni s'enfermer dans une communion qui nous empêche d'évoluer.

Le programme des mois à venir : devenir disciples

Se mettre en situation pour les subdivisions du groupe. Nous allons apprendre à nous ouvrir les uns aux autres dans le but de développer un modèle de groupe qui peut accueillir des nouveaux croyants et en faire des disciples.

Église de masse ou Église de disciples

Au début de l'Histoire de l'Église, dans l'Empire romain, cela pouvait vous coûter la vie de confesser : « Jésus-Christ est Seigneur. » On vous saluait en disant : « César est Seigneur » et vous répondiez quelque chose qui pouvait vous conduire dans les arènes, en prison ou aux galères. Confesser Christ comme Seigneur impliquait un véritable engagement. Seuls les disciples étaient prêts à déclarer leur foi.

A Rome, ils vivaient dans les catacombes qui comptaient environ huit cents kilomètres de souterrains. Les archéologues estiment qu'entre deux et quatre millions de chrétiens y ont été enterrés en près de trois cents ans. On trouve encore les inscriptions du poisson sur les murs (poisson se dit en grec « ICTUS », sigle de « Iesous Christos Theou Uios Sauter ») ou encore « La parole de Dieu n'est pas liée. »
Après la conversion de Constantin en 313, on a assisté à des conversions massives, superficielles et souvent obligatoires, car le christianisme a été déclaré religion officielle de l'Empire. C'est devenu un phénomène culturel au lieu d'une expérience de foi et d'un engagement personnel.
Nous sommes passés d'une Église militante et persécutée à une Église de masse sans niveau d'engagement. La religion du christianisme était née. Au lieu d'une Église de disciples de Christ, annonçant et démontrant le Royaume de Dieu, une religion formaliste s'est installée.
Le père de l'empereur Constantin voulait savoir qui avait une foi réelle. Il a menacé, un jour, tous ceux qui se disaient chrétiens à la cour de quitter l'Empire dans les quarante-huit heures. Une petite partie des ministres et des nobles a fait ses bagages. Et, au moment du départ, il a annoncé que ceux-là restaient dans le gouvernement et les autres étaient congédiés.

Qu'est-ce qu'un disciple d'une Église néo-testamentaire ?

D'après les épîtres et les écrits des premiers chrétiens ou de l'Histoire de l'Église, nous voyons qu'une attention particulière était portée sur cette question. Qui peut participer à la communion des saints, à une vraie vie d'Église ?
Autant Jésus a dit : « Je ne mettrai pas dehors celui qui vient à moi », autant Il a donné des occasions de se positionner à ceux qui voulaient Le suivre. « Si quelqu'un veut être mon disciple, qu'il renonce à lui-même » (Luc 14:26-27,33).
En Jean 6:60,63-69, Il donne de nouveau, à certains de Ses suiveurs, l'occasion de se positionner et de se situer comme disciples ou de Le quitter. Il ne semble pas que Jésus ait été intéressé par un nombre d'adhérents au point de faciliter le chemin. Il dit que toute plante que le Père n'a pas plantée ne peut tenir. Il sait ce qui est en l'homme et à moins que Dieu ait fait une œuvre dans un cœur, aucun homme ne peut Le suivre.

Des repères d'engagement comme disciple

Un certain nombre de mouvements ont été amenés à définir une qualité de disciple et proposer des repères qui aident chacun à se positionner. Pour que la confession du croyant ne soit pas qu'un accord intellectuel ou sentimental, mais qu'elle implique sa vie.
Il ne s'agit pas de dire que si nous faisons ces choses, nous allons devenir chrétiens, mais parce que Christ vit en nous, Il nous conduit à développer ces choses. En fait, elles pourraient être définies comme les marques du disciple de Christ.
Pour être membre de notre Église, nous plaçons ces repères devant chacun d'entre nous pour se définir comme disciple de Christ ou pas.
Les GDM sont comme une école de disciples. Cette école de disciples est basée sur les repères d'engagement que nous donnons aux membres de l'Église.

Les repères d'engagement ou les critères de la vie de disciple

1. Conversion, repentance et œuvres dignes de la repentance.
2. Relation avec Dieu par la prière régulière et intime comme par les Écritures.
3. Participation à l'accomplissement du projet de Dieu pour nous, aux rassemblements et aux activités.
4. Déférence et soutien des responsables.
5. Les finances et le Royaume de Dieu.
6. Les relations saines.
7. Le service.
8. La communication de l'Évangile.
9. Le caractère.

Sur la base de ces repères, nous allons développer un certain nombre de sessions. Notre but est d'intégrer la Parole à nos vies, de pratiquer la Parole dans notre quotidien. Ces sessions ne sont pas des études bibliques, même si la Bible sera enseignée. Elles ne sont pas des réunions de prière, même si nous allons prier. Elles ne sont pas non plus des temps de libre échange, même si nous allons avoir des temps d'échanges et de partages fraternels. Tout cela sera présent, mais nous ciblons la formation de disciples, c'est-à-dire l'acquisition de pratiques dans nos vies et nos caractères. Car Jésus a dit :

Matthieu 28:19 : « Allez faites des disciples et enseignez-leur à observer tout ce que je vous ai prescrit. »

C'est pourquoi, chaque session a un but pratique. A chaque fois, je demande aux responsables de veiller à ce que nous voulons produire dans les vies et pas seulement ce que nous voulons enseigner. Ils sont donc invités à consulter, avant chaque session, les pages 79 à 82 intitulées : « Que cherchons-nous à produire comme résultats ? »

Le responsable est chargé de vérifier avec chaque disciple ce qui est acquis, ce qui est en cours et ce qui est à revoir ou à acquérir. C'est là que réside tout l'intérêt de cette école de formation de disciples, dans laquelle chacun peut évaluer point par point, avec son responsable, ce qui est acquis dans sa vie. Avec votre accord, et sur votre demande, votre responsable va vous aider à faire un bilan de votre croissance spirituelle. (Cf. Session 19.) Merci de l'informer de votre intention au plus tôt.

C'est pourquoi, nous rappelons que l'école de disciples n'est pas fréquentée « à la carte », mais elle demande un engagement de plusieurs mois avec fidélité.

Voici un rappel du programme qui nous attend dans cette école de disciple:

1. Convivialité, découverte et communication.
2. Convivialité et règles de bon fonctionnement.
3. Convivialité et buts du groupe de maison.
4. Communiquer son témoignage de conversion.
5. Fiche : prier pour les amis.
6. Repentance et œuvres dignes de la repentance : « Remember the chicken ».
7. Communier avec Dieu par la prière.
8. Communier avec Dieu par Sa Parole.
9. Vivre l'Église.
10. Soirée fraternelle : repas, jeux ou sortie…
11. Des relations saines : les piliers de l'amour.
12. L'attitude envers les responsables et les autorités.
13. Libéralité et générosité.
14. Des relations saines : A table !
15. Soirée « prier pour nos amis ».
16. L'esprit de service et vos atouts pour servir.
17. Communiquer l'Évangile.
18. Préparation au cours Alpha et autres outils.
19. Bilan de formation de disciples.
20. Soirée grillades : invitations des amis.

Session 4
LE TÉMOIGNAGE DE CONVERSION

Comment Dieu est-Il devenu une personne réelle pour vous, avec qui vous avez une relation ?

L'exemple de Paul

Actes 22:3-21. Lisons ce texte ensemble.

Paul était un apôtre, mais avant tout il était un témoin. Quand nous lisons ce passage, nous voyons deux choses importantes en ce qui concerne le témoignage.

Paul savait utiliser un temps restreint pour témoigner

Quand nous lisons son témoignage, cela nous prend moins de cinq minutes. Et pourtant, ce témoignage est complet, rien n'a été négligé.

Paul avait une méthode pour témoigner

En effet, quand nous lisons le témoignage de Paul, nous pouvons voir qu'il était partagé en quatre parties.

1. La présentation : verset 3
2. La vie sans Christ : versets 4-5
3. La conversion : versets 6-16
4. La marche avec Christ : versets 17-21

C'est à partir de cette structure utilisée par Paul que nous allons préparer notre témoignage.

Préparer notre témoignage

La présentation

Nom, prénom, âge, situation professionnelle et familiale.

En nous présentant, nous démontrons que les chrétiens ne sont pas des êtres désincarnés, mais ils ont une vie familiale ou professionnelle normale. Ils sont mariés ou célibataires. Ils ont pu connaître des douleurs et des ruptures dans leur passé. Ils exercent une profession d'enseignants, de commerçants, de chefs d'entreprise, d'employés, de médecins, d'ingénieurs ou manœuvres, de femmes au foyer, d'étudiants ou de retraités…

Vie sans Christ

Voici les éléments autour desquels il est bon de présenter sa vie sans Christ, selon l'exemple de Paul.

- Quelle était ma vie familiale ? (enfance, éducation…)
- Quelles étaient mes « figures à imiter », mes modèles ?
- Quelles étaient mes activités préférées (mes passe-temps) et quels étaient mes buts ?
- Qu'est-ce que je pensais de moi-même ?
- Quelle était mon opinion au sujet de Dieu ?
- Autres éléments importants de ma vie passée ?

Conversion

Quand : Donnez la date ou la période…

Où : Le lieu et les circonstances. Une Église, une maison, une salle de restaurant, ma chambre, un jardin. Étais-je seul ou accompagné ?

Comment : Relatez l'expérience de la conversion ; c'est-à-dire :

- Comment ai-je changé d'attitude envers Jésus ?
- Comment ai-je été convaincu que Jésus-Christ est vivant ?
- Y a-t-il eu une intervention surnaturelle dans ce processus ? Une incidence physique comme une guérison ?
- Comment ai-je compris que je devais changer de comportement ? Qu'est-ce que j'ai été amené à réparer ou à restituer rapidement ?
- Pourquoi ai-je confié ma vie à Jésus-Christ ?

La personne à qui vous témoignez doit pouvoir vous suivre dans votre démarche de conversion. Ne prêchez pas la conversion, mais racontez la vôtre !

Le but n'est pas d'expliquer mais de raconter de telle manière que la personne qui vous écoute puisse s'inspirer de votre cheminement pour s'ouvrir au Seigneur.

La marche avec Christ

- Quelles ont été les conséquences dans mon changement de vie ?
- Quels exaucements de prière ont marqué ma vie ?

Exercice pratique

Nous allons prendre quinze à vingt minutes pour rédiger notre témoignage ou faire un plan. Nous allons le partager deux à deux et plusieurs le donneront ensuite au reste du groupe.

Lors de nos prochaines sessions, l'un d'entre nous, à tour de rôle, rendra son témoignage et nous nous aiderons mutuellement à suivre les indications données pour un maximum d'efficacité dans la communication.

Session 5
FICHE PRIÈRE ET INVITATION POUR LES AMIS

Les personnes avant les outils

Les personnes de notre entourage sont plus importantes que les activités d'évangélisation. L'évangélisation n'est pas une activité de prosélytisme, mais une invitation pour ceux qui nous entourent à connaître le trésor qui nous anime. Quand vous allez dans un bon restaurant ou que vous avez vu un bon film, que faites-vous ? Parce que vous avez aimé ces moments, vous en faites part avec enthousiasme à ceux que vous rencontrez et que vous aimez. Évangéliser, c'est communiquer avec le même enthousiasme la bonne nouvelle que nous avons reçue !

Nous mettons la priorité sur les relations avec les personnes de notre entourage immédiat plutôt que sur les outils et matériels d'évangélisation. Nous sommes des agents de salut pour nos relations.

> Jean 17:20 : « Ce n'est pas pour eux seulement que je prie, mais encore pour ceux qui croiront en moi par leur parole. »

C'est dans notre réseau naturel de relations que le degré de réceptivité est le plus grand.

> Actes 10:24,27 : « Corneille les attendait, et avait invité ses parents et ses amis intimes. [...] Et conversant avec lui, Pierre entra, et trouva beaucoup de personnes réunies. »

C'est aussi par les relations personnelles que le nombre de conversions est le plus élevé dans le monde occidental.

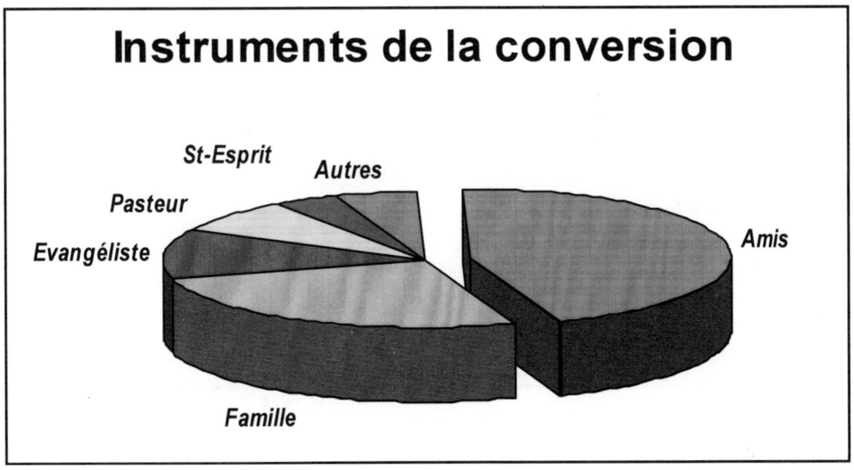

Un cheminement

Recevoir le salut est un cheminement vers la nouvelle naissance. Rares sont les personnes qui se convertissent dès la première approche. C'est comme une conception et une grossesse qui évoluent vers un enfantement. Il faut qu'il y ait une vie divine dans le cœur et il faut suivre et accompagner l'évolution. Prier ensemble pour ces personnes contribue à les porter ensemble dans la communion en vue de leur nouvelle naissance. C'est ce que nous faisons chaque trimestre dans nos groupes de maison.

Utilité de la fiche

1. Acquérir une mentalité préoccupée par le salut.
2. Cibler quelqu'un ou quelques personnes.
3. Situer dans le processus vers la nouvelle naissance et l'intégration dans l'Église.
4. Accompagner la personne dans son cheminement par des contacts réguliers et adaptés.
5. Prier et enfanter dans la communion.
6. Intégrer la personne dans un groupe avant qu'elle n'arrive.
7. Inviter parmi notre « public » pour les événements d'évangélisation de l'Église.

FICHE PRIÈRE ET INVITATION

«Va ! ...afin que ma maison soit remplie.»

Conseiller :.. GDM : .... Date : .... / .... / ....

État civil

☐ Monsieur ☐ Madame ☐ Mademoiselle
Nom :... Prénom : ....
Adresse : ....
Code Postal : .... Ville : ....
Age : ....
Situation familiale et sociale : ....

Position devant Dieu

+ 3 Pratique des œuvres dignes de la repentance
+ 2 Participation à la vie de l'Église
+ 1 Évaluation après la décision
0 Nouvelle naissance
- 1 Confession de son état de pécheur (repentance) et foi en Christ
- 2 Se décide pour Jésus (conversion)
- 3 Reconnaît ce qui le tient éloigné de Dieu et envisage d'agir
- 4 Saisit les implications personnelles
- 5 Connaissance du message du salut
- 6 Connaissance vague du christianisme
- 7 Conscience de l'existence d'un être suprême
- 8 Conscience fermée à toute notion de Dieu

Jésus est concerné par nos relations, comme nous l'avons mentionné en Jean 17:20. Nous allons prier pour nos amis et relations. Par nos prières, notre amour, nos invitations régulières, nous allons partager avec eux la grâce que Jésus nous a faite.
Chacun est invité à remplir une fiche par ami pour qui il prie. Prier est excellent et puissant. Jésus a prié pour le salut. Mais Jésus invitait aussi les personnes ou Il leur rendait visite. En mentionnant un nom, vous vous engagez à prier pour cette personne, mais également à rendre visite ou à inviter cette personne. Rares sont les personnes qui trouvent le salut dès leur premier contact avec l'Évangile. Ces personnes vont commencer un processus, comme un cheminement, que nous voulons accompagner par la prière et la relation.

Chacun va donc remplir une, deux, trois, cinq fiches… Un jour, quelqu'un en a rempli soixante-cinq. Je me suis dit qu'il était soit inconscient, soit extrêmement zélé. Ensuite, j'ai vu que, pour lui, ce n'était que des fiches. Et comme j'ai dit souvent : « Si ce n'est que des fiches, on s'en fiche ! »
La réalité, derrière ces outils, est une discipline de nos motivations et de notre vision portée sur la moisson. C'est là que Jésus nous a dit de regarder :

> Jean 4:35 : « Voici, je vous le dis, levez les yeux, et regardez les champs qui déjà blanchissent pour la moisson. »

Le graphique page 23 a été effectué par *Action Recherche Croissance* et a été publié dans *La France Protestante.*
La *Fiche prière et invitation* est inspirée de l'échelle de Hegel.

Session 6
REPENTANCE ET VIE NOUVELLE

Actes 26:20 : « J'ai prêché la repentance et la conversion à Dieu, avec la pratique d'œuvres dignes de la repentance. »

Une vie nouvelle en Christ

Jean 3:3 ; 2 Corinthiens 5:17

Cette vie nouvelle n'est pas le fruit du hasard, elle ne vient pas par la force humaine ou l'intelligence, ni par une bonne moralité. C'est l'œuvre de Dieu qui vient par la repentance.

1. La repentance

C'est un changement de mentalité issu d'une conviction de s'être trompé. Elle produit en nous une prise de position qui est en accord avec Dieu et dévoile notre péché. Elle nous pousse à demander le secours de Dieu. Il accorde Sa Grâce aux humbles. Il va susciter la vie de Christ en nous, c'est la régénération, la nouvelle naissance. Nul ne peut appartenir à une Église de disciples s'il n'est pas né de nouveau, par la repentance et la régénération (Romains 8:9). Le baptême confirme cette régénération (Marc 16:15).

2. Conviction et confession

Marc 1:5 ; Psaume 90:8

A la lumière du soleil, les marques de doigts sur les vitres apparaissent. De même, à la lumière de Dieu, nos fautes cachées ou que nous ne voyions pas apparaissent.

Psaume 32:3-7 : « Tant que je me suis tu, mes os se consumaient, je gémissais toute la journée ; car nuit et jour ta main s'appesantissait sur moi, ma vigueur n'était plus que sécheresse, comme celle de l'été. Je t'ai fait connaître mon péché, je n'ai pas caché mon iniquité ; j'ai dit : J'avouerai mes transgressions à l'Éternel ! Et tu as effacé la peine de mon péché… Tu m'entoures de chants de délivrance. »

« Remember the chicken » (souviens-toi de la poule)
En Afrique, un homme avait deux fils adolescents. Alors que le père était parti vendre des volailles au marché, les fils ont fait des bêtises. L'aîné, dans son excitation, a tué une poule. Il demande à son frère de ne rien dire au père. Quelque temps plus tard, le père demande au petit d'aller couper du bois. Le petit demande à son frère de le faire et celui-ci refuse. Alors, le petit répond : « Remember the chicken. » Alors, le grand va couper le bois… il est esclave de son péché secret. Puis, à chaque fois que le petit doit aller chercher de l'eau ou faire une corvée, il demande au plus grand de le faire à sa place en disant : « Remember the chicken. » Quand le grand reçoit une invitation ou un privilège, le petit lui demande de laisser sa place… Pourquoi ? « Remember the chicken. »

Un jour, le garçon décide d'aller avouer lui-même sa faute à son père. Et le père répond : « Ah, je te pardonne ; mais ce n'est qu'un poulet. Ce n'est pas si grave ! » Désormais, à chaque fois que le petit voulait profiter de son frère, en disant : « Remember the chicken », le grand disait : je suis libéré, j'ai tout avoué au père et il m'a pardonné.

La confession a affranchi ce fils de l'esclavage d'un péché secret. Ce qui est mis en lumière est purifié par le Seigneur et couvert. Quel soulagement quand le sang de Jésus-Christ parle pour nous favorablement…

> 1 Jean 1:9 : « Si nous confessons nos péchés, il est fidèle et juste pour nous les pardonner, et pour nous purifier de toute iniquité. »

Si tu es l'esclave d'un péché caché, ne reste pas dans l'esclavage ! En confessant tes péchés, tu ouvres la voie à la guérison et à la prospérité.

> Proverbes 28:13 : « Celui qui cache ses transgressions ne prospère point, mais celui qui les avoue et les délaisse obtient miséricorde. »
>
> Jacques 5:16 : « confessez vos péchés les uns les autres, afin que vous soyez guéris. »

Il y a une puissance dans la confession mutuelle ! Car le péché n'est plus gardé en secret. Il est à la lumière. C'est le terrain du Seigneur et non celui de l'ennemi…
La confession des péchés permet d'avancer dans la vie et l'épanouissement. N'économisons pas la confession et le renoncement aux péchés.

- Si ce n'est pas fait, renonce à toute expérience spirituelle non conforme à la Parole de Dieu. Deutéronome 18:8-10 : l'occultisme, l'astrologie, le spiritisme, les guérisseurs, devins, sorciers, le culte des saints, religion humaine, méditation transcendantale, yoga, pendule, appartenance aux sociétés secrètes comme les rosicruciens et francs-maçons et toute expérience spirituelle en dehors de Christ.
- Repens-toi pour toute liaison affective ou sexuelle en dehors du mariage : flirts, fornication, adultère, homosexualité, plaisir de séduire, masturbation, bestialité, pornographie. Tu peux être délié de tout lien affectif ou sexuel qui a affecté ta vie.

Si Jean Baptiste passait par là... ?
Comme Jean-Baptiste le demandait, abaisse les montagnes, relève les vallées, redresse ce qui est tortueux, aplanis ce qui est raboteux. Que peuvent être les montagnes et vallées dans nos vies ?
Montagnes : Orgueil, égoïsme, soif de pouvoir, ambitions dévorantes, rébellion, colère, haine, destruction, vanité intellectuelle ou matérielle.
Vallées : Ingratitude, mécontentement, découragement, pessimisme, mélancolie, rejet, désespoir, suicide, complexe d'infériorité, timidité, repli sur soi.
Tortueux : Mensonge, manipulation, fraude, vol, occultisme ou sexualité pervertie, manipulation, semeur de troubles et de zizanie, rapporteur, tricheur, séducteur.
Raboteux : Infidèle, inconstant, irresponsable, ne tenant pas parole, irrésolu (avec Dieu, tes amis, tes choix et engagements).

3. Se tourner vers Dieu : conversion

Quand on voit son péché, on est convaincu qu'on ne peut se sauver soi-même. C'est là que Dieu aime nous rencontrer et nous offrir Sa grâce. En plaçant notre foi en Christ, Dieu nous donne la justice de Christ (2 Corinthiens 5:21 ; Romains 5:1,8).
Il n'existe que deux religions en ce monde : celle par laquelle ce que l'homme fait lui donnerait accès au salut et celle par laquelle ce que Dieu fait lui permet de recevoir le salut. La première est comme un dû, en réponse aux efforts moraux ou spirituels de l'homme ; la seconde est un don et on le reçoit par la foi.

4. Les œuvres dignes de la repentance

Elles montrent une vie intérieure qui a changé et a modifié l'attitude et le comportement.
C'est la fin de la débauche et le renoncement aux œuvres mortes et infructueuses des ténèbres (Éphésiens 5:11). Au lieu du vol, on pourvoit à nos besoins par le travail ; au lieu du mensonge, on rétablit la vérité (Éphésiens 4:25,28). La restitution des biens volés (Luc 19:8).
La destruction des objets abominables ou occultes (Actes 19:19 ; Deutéronome 7:26).
La demande de pardon à ceux que nous avons offensés ; la réconciliation et le pardon accordé à ceux qui nous ont offensés (2 Corinthiens 5:18).

5. La repentance : un état d'esprit, une mentalité

Cet état d'esprit de repentance et de grâce doit s'entretenir et se garder (Romains 12:1-2). C'est une expérience à renouveler.
Wesley disait que s'il passait trois semaines sans vivre une repentance, il allait perdre l'esprit du Réveil. La repentance est la douche de l'âme. Nous avons à doucher l'être intérieur assez souvent. Un corps qui n'élimine plus les déchets va rapidement tomber malade et mourir. Une âme qui n'élimine plus perdra sa santé. Demandons la grâce d'un cœur qui ne s'endurcit pas. L'insensibilité au péché, l'incapacité à se laisser toucher, reprendre, convaincre et corriger est le chemin du déclin.

> Matthieu 13:14-16 : « Vous entendrez de vos oreilles, et vous ne comprendrez point ; vous regarderez de vos yeux, et vous ne verrez point. Car le cœur de ce peuple est devenu insensible ; ils ont endurci leurs oreilles, et ils ont fermé leurs yeux, de peur qu'ils ne voient de leurs yeux, qu'ils n'entendent de leurs oreilles, qu'ils ne comprennent de leur cœur, qu'ils ne se convertissent, et que je ne les guérisse. Mais heureux sont vos yeux, parce qu'ils voient, et vos oreilles, parce qu'elles entendent ! »

Nous sommes bénis quand nos oreilles sont capables d'entendre, nos yeux de voir et nos cœurs de se laisser toucher ! Demandons une telle disposition de cœur. C'est le ministère de Jean-Baptiste, qui préparait les chemins du Seigneur afin que chacun voit la gloire de Dieu. C'est, tout au long de l'histoire, de cette façon que Dieu a renouvelé Son peuple et c'est encore par un tel ministère qu'Il nous rendra à la vie en notre temps !

Questions

- Qu'avez-vous ressenti à la lecture de l'histoire « Remember the chicken » ?
- Depuis votre conversion, avez-vous connu des temps de repentance ? Qu'avez-vous vécu et senti après cela ?
- Imaginez que vous rencontriez Jean-Baptiste : Quelles sont les montagnes qu'il trouverait dans votre vie ? Même question avec les vallées, les chemins tortueux, les chemins raboteux.
- Pouvez-vous raconter une courte expérience de repentance vécue ces derniers temps ?
- Comment entretenez-vous une disposition à la repentance, un cœur tendre ou qui se laisse examiner ?
- Pouvez-vous raconter les œuvres dignes de la repentance que vous avez pratiquées ? Réconciliation, destruction, restitution, confessions aux personnes concernées, actes d'obéissance et bénédiction (les œuvres bonnes, le partage).
- Y a-t-il un souvenir douloureux, un péché caché et non confessé qui mine votre conscience et vous empêche de vivre dans la plénitude de la foi ? (« Remember the chicken » : Si vous avez besoin de voir un responsable, merci de le signaler.)

Session 7
COMMUNIER AVEC DIEU

Questions de convivialité

- Vous est-il arrivé de vous endormir lors de votre culte personnel ces derniers temps ? Qu'avez-vous ressenti ? (Eh oui, nous pouvons vivre le meilleur et le pire dans la recherche du Seigneur, mais la qualité différente de notre vie de prière révèle notre humanité et ne doit pas nous décourager dans notre persévérance.)
- Qui a vécu un moment de prière béni ces dernières semaines et voudrait nous en dire deux mots ?

Thème : la relation avec Dieu, la piété

Quand quelqu'un est né de Dieu, il aime Dieu et recherche Sa présence.

La prière : un besoin vital

Quand le couple humain était en Eden, il n'avait pas besoin d'invoquer Dieu. Adam ne priait pas, il semble qu'il vivait baigné dans la présence de Dieu. La voix de Dieu était accessible et le Seigneur Lui-même parcourait le jardin.

Genèse 3:8 : « La voix de l'Éternel qui parcourait le jardin vers le soir. »

Mais la rupture des relations a amené la séparation et la mort spirituelle.

Genèse 3:23-24 : « Et l'Éternel Dieu le chassa du jardin d'Eden ; il mit à l'orient du jardin d'Eden les chérubins qui agitent une épée flamboyante, pour garder le chemin de l'arbre de vie. »

C'est suite à ces événements que la prière est née.

Genèse 4:26 : « Seth eut aussi un fils, et il l'appela du nom d'Enosch. C'est alors que l'on commença à invoquer le nom de l'Éternel. »

Les passages suivants relatent l'âge de la mort des premiers hommes sur Terre. Pourquoi ? *Enosch* signifie *mortel*. Quand l'homme a vu qu'il était mortel, il a cherché la vie ! Comment ? En priant ! Chercher Dieu est le moyen de recevoir la vie.

C'est pourquoi l'apôtre Paul dit à Timothée que la piété (c'est-à-dire l'attachement du cœur à Dieu) a la promesse de la vie.

1 Timothée 4:8 : « Exerce-toi à la piété… »

La piété est utile à tout, elle a la promesse de la vie présente et de celle qui est à venir.

La piété est donc le moyen par lequel la vie du Royaume de Dieu est ranimée en nous, si nous sommes nés de nouveau.

La prière ne sauve pas, mais elle renouvelle la vie que le salut nous donne.

Le mot piété est *ευσεβεια (eusebeia)* en grec. Il contient le préfixe *eu*, qui signifie *heureux, bon*. La piété est une bonne chose. Ce n'est pas avoir grise mine ou vivre dans l'austérité, c'est recevoir la vie abondante qui est en Dieu !

Les hommes pieux

Un de mes amis m'a dit : « Je suis boulimique de la prière ! »

Certains pensent que, parce qu'ils sont nés de Dieu, l'effort de la prière et des exercices de piété ne sont pas nécessaires. Ce n'est pas ce que Jésus montre comme exemple. Lui-même cherchait la communion du Père :

> Marc 1:35 : « Vers le matin, pendant qu'il faisait encore très sombre, il se leva, et sortit pour aller dans un lieu désert, où il pria. »

On voit Jésus prier très souvent. Luc donne dix exemples de Jésus en prière.

Lorsqu'on demandait à Smith Wigglesworth, l'apôtre de la foi, la raison de son ministère miraculeux, il répondait :

> Psaume 4:4 : « Dieu s'est choisi un homme pieux. »

Tous ceux qui ont marché avec Dieu ont cherché à développer une relation personnelle avec Lui comme une priorité de leur vie.

Dans l'Ancien Testament, les hommes bâtissaient des autels à Dieu comme un témoignage qu'ils cherchaient à se brancher sur le ciel.

Moïse, homme de Dieu, s'est souvent tenu dans la présence de Dieu et, à deux reprises, pendant quarante jours et nuits !

Josué restait dans la tente de la Rencontre, même quand Moïse en sortait !

> Exode 33:11 : « Puis Moïse retournait au camp; mais son jeune serviteur, Josué, ne sortait pas du milieu de la tente. »

Samuel avait une vie de prière :

> 1 Samuel 7:8 : « Samuel, ne cesse point de crier pour nous à l'Éternel, notre Dieu, afin qu'il nous sauve. »

Élie priait tellement que Jacques doit nous rappeler, en parlant de sa vie de prière, qu'il était de la même nature que nous (Jacques 5:17).

Daniel priait continuellement et au moins trois fois par jour.

> Daniel 6:10-11 : « Trois fois par jour il se mettait à genoux, il priait, et il louait son Dieu, comme il le faisait auparavant. Alors ces hommes entrèrent tumultueusement, et ils trouvèrent Daniel qui priait et invoquait son Dieu. »

Les disciples ont demandé à Jésus : « Enseigne-nous à prier. »

Et Jésus a enseigné un modèle de prière, que nous appelons le « Notre Père ». C'est un modèle complet et équilibré. Il n'est pas fait pour être récité, mais il est comme un guide articulant notre vie de prière. Les premiers chrétiens l'utilisaient et, de tout temps, des croyants ont prié pendant une heure environ sur ce modèle.

D'autres modèles de prière peuvent nous aider : le tabernacle, les dix commandements, les armes du croyant, la bénédiction d'Abraham, les noms de Dieu, un psaume, la prière en langues, les chants ou l'intercession… (voir le livre « Branchés sur la vie ».)

Le culte personnel est la base d'une relation avec Dieu

La présence de Dieu est la priorité dans ta vie. Rien n'est plus important pour toi que ta relation avec Dieu. Défends cela plus que tout. La relation avec Dieu contient la promesse de la vie. Nous pouvons prendre une décision de ne pas vivre un jour sans invoquer le Seigneur et passer un moment avec Lui.

L'habitude est plus puissante que le désir ! Prenez une bonne habitude

Souvenons-nous que l'habitude est plus puissante que le désir. En se donnant l'habitude de prendre chaque jour un moment avec Dieu, comme étant l'élément fondamental de notre journée, nous le ferons ! Avez-vous remarqué que le désir de se laver les dents n'est pas saisissant à chaque fois que nous le faisons ? Avez-vous remarqué que certains ouvrent leur radio dans la voiture sans même avoir un désir d'écouter ? Pourquoi ? Ils en ont l'habitude ; et l'habitude est plus puissante que les désirs.

Prenez de bonnes habitudes et les désirs de la chair ne guideront plus votre vie. On dit que Jésus est à la première place. C'est vrai. L'est-Il aussi concrètement dans l'emploi du temps de ta journée ?

Les délices de Sa présence existent (Psaume 36:9). C'est dans la présence de Dieu que l'homme nouveau s'affirme et se développe. La piété est faite d'intimité délicieuse et de fidélité tranquille. C'est là que se développent les hommes et femmes de Dieu.

Une sentinelle dans la prière : Pourquoi prier en groupes ?

> Deutéronome 32:30 : « Un seul en poursuivrait-il mille, et deux en mettraient dix mille en fuite. »

Savez-vous que la communion amplifie la puissance ? Un croyant poursuit mille ennemis et deux en poursuivent dix mille. C'est pourquoi il est précieux de trouver des partenaires de prière. Notre foi et notre efficacité sont démultipliées. C'est la puissance dont Jésus parle en disant :

> Matthieu 18:19 : « Si deux d'entre vous s'accordent sur la terre pour demander une chose quelconque, elle leur sera accordée par mon Père qui est dans les cieux. »

La puissance de l'accord est inouïe pour amplifier la ferveur, la foi et l'efficacité de nos prières. De plus, notre rôle est de couvrir en permanence la moisson et la cité de Dieu.

> Ésaïe 62:6 : « Sur tes murs, Jérusalem, j'ai placé des gardes ; ils ne se tairont ni jour ni nuit. Vous qui la rappelez au souvenir de l'Éternel, point de repos pour vous ! »

Quand Dieu a visité les Moraves à Hernutt en Allemagne, ils ont organisé deux groupes de prière composés, l'un de vingt-quatre hommes et l'autre de vingt-quatre femmes.

Ainsi s'est formée une double chaîne de prière continuelle, qui ne s'est pas brisée un seul jour, pendant plus de cent ans. Durant cette période, le mouvement missionnaire morave s'est développé trois fois plus vite que le reste de l'Église. Cette chaîne de prière a été l'un des plus grands moteurs de l'histoire des missions et de l'avancée de l'Évangile dans le monde.

Dans une conquête, il ne suffit pas de faire une percée, il faut maintenir la pression.

C'est pourquoi nous avons besoin, aujourd'hui, de trouver des sentinelles fidèles, consciencieuses et persévérantes.

Nous n'avons pas d'autre protection que la prière les uns pour les autres pour couvrir nos arrières. Prions-nous les uns pour les autres ? Prions-nous pour nos responsables, exposés aussi au front spirituel ?

Le mot hébreu *paga*, employé pour intercession, signifie aussi *frontière*. Par nos prières, nous créons un périmètre de protection en faveur de ceux pour qui nous prions.

Par la prière, nous créons un périmètre de protection en faveur de ceux pour qui nous prions !

Un modèle

Si vous ne savez comment avoir votre culte personnel ou vivre à l'autel de Dieu, passez cinq à dix minutes à dire à Dieu qui Il est pour vous. Vous pouvez aussi le chanter. Puis, passez le même temps à demander que ce qu'Il est vous marque et vous transforme. Priez pour votre caractère.

Puis, priez pour les besoins qui vous sont proches pendant cinq à dix minutes. Priez pour moi ou votre responsable encore pendant cinq minutes.

Ensuite, vous priez en langues et écoutez ce que Dieu vous inspire dans ce temps-là. Notez-le, car Dieu parle et inspire. Puis lisez votre Bible, dans l'Ancien et le Nouveau Testament. Là aussi, écoutez après avoir lu, faites le point et méditez ce que vous avez lu. Qu'est-ce qui a retenu votre attention ? Qu'est-ce qui s'applique à votre vie ?

Questions

- D'après les Écritures, à quoi sert la prière ou la relation avec Dieu ?
- La piété allie la discipline et l'intimité, l'habitude et les délices. Que pensez-vous de cette parole : l'habitude est plus puissante que le désir ?
- Vous souvenez-vous à quel moment vous avez décidé que la relation avec Dieu serait une priorité ?
- Votre moment avec Dieu est-il régulier ? Votre vie de prière est-elle épanouie ?
- Quand vous priez, quelles sont les difficultés que vous rencontrez ?
- Savez-vous ce qu'est un modèle de prière ? Quels sont les modèles de prière que vous utilisez ? Sinon, est-ce que ce serait une aide pour développer votre vie de prière personnelle ?
- Êtes-vous une couverture spirituelle pour quelqu'un ? Participez-vous à un groupe de prière (une triplette) ?

Session 8
RELATION AVEC LA PAROLE DE DIEU

« Nous devons nous consacrer activement à écouter et à lire les Écritures si nous voulons recevoir les bienfaits que dispense l'Esprit de Dieu », écrit Jean Calvin dans *l'Institution.*

2 Timothée 3:16-17 : « Toute l'Écriture est inspirée de Dieu, et utile pour enseigner, pour convaincre, pour corriger, pour instruire dans la justice, afin que l'homme de Dieu soit accompli et propre à toute bonne œuvre. »

Actes 2:42 montre que la relation avec la Parole de Dieu est un pilier de la vie chrétienne :

Actes 2:42 : « Ils persévéraient dans l'enseignement des apôtres. »

Comment faire ?

La lecture

1 Timothée 4:13

Une lecture abondante

C'est un bon moyen de communiquer avec Dieu. Depuis ma conversion, je lis en moyenne cinq chapitres par jour. Cela me permet de lire la Bible plus d'une fois par an. La lecture annuelle est un bon objectif pour celui qui veut être un disciple du Seigneur. Dieu ne t'aimera pas davantage si tu le fais, car Son amour est inconditionnel. Mais il se peut que tu aimes davantage le Seigneur si tu le fais. Car Sa parole exerce un ministère pour t'attacher au Seigneur.

Quatre chapitres suffisent pour une lecture complète par an.

Lecture complète et diversifiée

C'est comme un menu français avec entrée, plat de viande, légumes, fromage et dessert.

Il est bon de lire plusieurs livres à la fois. Cela apporte une diversité et un équilibre vital. Sinon, nous sommes comme des personnes qui ne mangeraient que des légumes pendant deux mois, puis que des viandes, puis que des desserts. Elles seront malades.

Exemple : prendre un livre du Pentateuque et un livre poétique et progresser dans l'Ancien Testament. En même temps, prendre un Évangile et une épître, et progresser. Vous pouvez cocher sur la table des matières les livres que vous avez lus dans l'année.

Cela va vous donner une bonne santé et une vue globale de la Parole et du Conseil de Dieu.

Lecture objective : les grands thèmes

Avant de faire une lecture d'édification personnelle, il est important d'avoir une lecture objective de la Parole. Reconnaître les grands thèmes du plan de Dieu qui traversent les Écritures et les colorier. Cela vous donne une image de l'unité du message biblique, l'essentiel du plan général de Dieu.

Voir ci-après le code de couleurs et thèmes...

La lecture d'édification personnelle (subjective)

Elle est riche et précieuse. C'est la parole pour moi. Elle s'inscrit toujours sur le fondement d'une compréhension du plan général de Dieu. Elle n'est pas l'horoscope du jour ! Dieu ne contredit pas les éléments fondamentaux de Sa parole. Pour ne pas nous retrouver avec des hérésies, des stupidités, des déceptions et des superstitions basées sur « Dieu me l'a dit... », sachons que tout « texte sans contexte est un prétexte. »

Mémoriser

Mémoriser, c'est repasser dans la pensée

Les Juifs de douze ans connaissaient la Thora par cœur. Les psaumes sont des chants, récitations et poèmes inspirés. Il est bon d'en apprendre par cœur, de nourrir nos pensées des Écritures. Les épîtres aussi. J'ai commencé à en apprendre quelques-unes. Rien n'est plus communicatif pour recevoir la Parole que de l'apprendre par cœur. De nouvelles facettes vous sont révélées.

Théodore de Bèze pouvait réciter toutes les épîtres de Paul dans le grec original à quatre-vingts ans !

Psaume 19:8 : « La loi de l'Éternel est parfaite, elle restaure l'âme. »

Il y a une vraie thérapie pour l'âme humaine. David, un pasteur ougandais, avait une clinique pour les cas psychiatriques, au Burundi. Une grande partie des soins venait de la lecture de la Parole de Dieu aux malades. Et ils ont vu les cas les plus difficiles de Bujumbura être restaurés. La pensée, la volonté et les émotions sont restaurées par la Parole.

Confesser

Romains 10:9-10 : « Si tu confesses de ta bouche le Seigneur Jésus, et si tu crois dans ton cœur que Dieu l'a ressuscité des morts, tu seras sauvé. Car c'est en croyant du cœur qu'on parvient à la justice, et c'est en confessant de la bouche qu'on parvient au salut, selon ce que dit l'Écriture. »

Le salut est reçu par la foi et par la confession du croyant

1 Timothée 6:12-13 : « Combats le bon combat de la foi, saisis la vie éternelle, à laquelle tu as été appelé, et pour laquelle tu as fait une belle confession en présence d'un grand nombre de témoins. Je te recommande, devant Dieu qui donne la vie à toutes choses, et devant Jésus-Christ qui fit une belle confession devant Ponce Pilate.

Dieu prononce sa parole comme un décret. Elle est appelée à exécuter. Confesser, homologuer en grec, signifie : « dire la même chose. » Quand nous disons la même chose que Dieu sur nous-mêmes ou sur une situation, la parole de Dieu est agissante. Elle va homologuer l'objet ou la personne sur lesquels elle est prononcée.

Dieu parle et le Saint-Esprit agit. C'est la Parole de la foi (Marc 11:22-23).

L'Église est née avec la confession de la foi (Matthieu 16:15-19).

Elle s'est affermie par les confessions de foi : le credo. Blandine était renouvelée dans ses forces à chaque confession de sa foi ; Marie Durand a pu demeurer ferme par la confession de sa foi et de son espérance.

Hébreux 10:23 : « Gardons indéfectible la confession de notre espérance. » (Bible de Jérusalem)

Hébreux 4:14 : « Demeurons fermes dans la foi que nous professons. »

Créativité

Psalmodier

Psaume 119:172 : « Que ma langue chante ta parole. »

Composer

Un chant, un mime, une chorégraphie, une peinture à partir d'une expérience avec la Parole. Un impact qui frappe l'attention et garde la Parole. Le chant des confessions de foi.

Il serait bon de voir davantage de mimes et de sketches pour illustrer la Parole de Dieu ! Pour présenter la cène ou les dîmes ou une prophétie que le Seigneur nous a donnée.

Principaux thèmes pour le code de couleurs :
- **Dieu** - justice - amour - alliance
- **Jésus** - louange - prière - œuvres
- **Saint-Esprit** - miracles et dons - guérisons - anges
- **Parole** - prédication - langue - bénédictions
- **Église** - ministères - mission - évangélisation - croissance numérique
- **Royaume** - Israël - combat - victoire
- **Grâce** - croix - repentance et humilité - sanctification - maturité
- **Foi** - promesses - prospérité - générosité
- **Espérance** - jugement - épreuves - eschatologie
- **Satan** - démons – antéchrist - occultisme
- **Péché** - idoles - occultisme - malédictions

Questions

- Pouvez-vous partager comment vous vivez votre relation à l'Écriture ? En termes de quantité, de régularité et de diversité de lecture.
- Quel est l'avantage de faire une lecture systématique des Écritures ? Quel est le fruit d'une lecture plus personnelle (d'édification) ?
- Faites-vous des confessions de foi à haute voix ? Quel fruit avez-vous constaté ?
- Que faites-vous quand un passage vous interpelle ? Avez-vous un journal de méditations ?
- Pouvez-vous citer quelques versets bibliques de mémoire ? Est-ce que cela vous a servi ?
- Est-ce que vous aimeriez avoir une formation biblique plus poussée ?

Session 9
UNE BONNE VIE D'ÉGLISE

Le mot Église, *ekklesia* en grec, signifie « se rassembler en dehors. » En dehors de l'esprit du monde, de nos activités professionnelles, de notre emploi du temps chargé. En tout cas, plus l'Église se rassemble, plus elle devient Église. L'Église est un ensemble de personnes qui bâtissent ensemble selon un projet de Dieu.

> Actes 2:46 : « Ils étaient chaque jour tous ensemble assidus au temple, ils rompaient le pain dans les maisons, et prenaient leur nourriture avec joie et simplicité de cœur. »

Les premiers chrétiens s'assemblaient chaque jour. La force de l'Église réside aussi dans sa capacité à se mobiliser. Une Église dispersée est faible, une Église rassemblée est forte. C'est pourquoi l'apôtre demande aux croyants de s'exhorter à ne pas négliger les rassemblements.

> Hébreux 10:25 : « N'abandonnons pas notre assemblée, comme c'est la coutume de quelques-uns ; mais exhortons-nous réciproquement, et cela d'autant plus que vous voyez s'approcher le jour. »

Une mauvaise coutume s'était établie dans la vie de certains, celle de négliger les rassemblements de l'Église. L'apôtre insiste pour que nous nous exhortions à la mobilisation.

« Assemblez-vous fréquemment pour rechercher ce qui concerne vos âmes », dit la Didachè, symbole des apôtres (XV.2).

Se priver de l'Église, c'est se priver d'une provision de la grâce de Dieu. Car l'Église est l'appui et la colonne de la vérité en ce monde (1 Timothée 3:15).

Elle est le Corps de Christ, dépôt de Sa présence, de Sa sagesse, de Sa vie. Quand Christ vit en nous, on recherche la communion des saints.

Une vision, un projet de Dieu

L'Église se développe dans cinq dimensions de son identité. L'équilibre de ces dimensions fait la santé de l'Église :

1. La fiancée du Seigneur. En ce sens, elle vit l'adoration, la sanctification, comme une épouse qui se prépare aux noces. Ta participation à l'adoration, à la sanctification contribue à faire de nous une Église.
2. La famille du Seigneur. C'est là que le Père veut déverser Son amour et voir Ses enfants s'aimer, se soutenir, s'entraider, se pardonner.
3. L'entreprise du Seigneur. Elle a reçu la mission de servir et de faire des disciples de toutes les nations de la Terre. C'est un travail et une mission qui nous appellent au service, à la prière et à l'efficacité.
4. L'école du Seigneur. Faire passer les enfants de la famille à l'entreprise nécessite une formation. L'Église a donc une fonction pédagogique. Elle est un atelier de formation du caractère, de la pensée et des relations. Elle doit aussi former les croyants à faire l'œuvre du ministère ; c'est-à-dire les préparer à être prêts pour l'entreprise.
5. L'armée du Seigneur. Nous sommes dans un combat spirituel au sein duquel l'ennemi des âmes ne veut pas lâcher le terrain que nous voulons conquérir et les personnes que nous voulons bénir par la bonne nouvelle. Cela nous engage à la prière, à l'obéissance, à la persévérance et au service. Les soldats ou les pompiers servent sans état d'âme, mais pour le bien d'autrui.

Rassemblements

1. Petits groupes de prière

Les triplettes sont de petits groupes formés librement entre trois personnes proches géographiquement ou par affinité et qui vont s'unir pour une saison de prière. Ces groupes se retrouvent une fois par semaine à heure fixe et prient sur les sujets proposés par le département de prière dans l'Église. Ils représentent « une force de frappe spirituelle. »

> Matthieu 18:19 : « Je vous dis encore que, si deux d'entre vous s'accordent sur la terre pour demander une chose quelconque, elle leur sera accordée par mon Père qui est dans les cieux. »

Le culte familial est aussi une puissance pour voir Dieu dans nos maisons. C'est ainsi que nous résisterons dans les temps qui viennent.

2. Groupe de maison

But des GDM : « Faites des disciples. »

Les groupes de maison sont la base de notre vie d'Église. Le but central de nos groupes de maison est : « Allez, faites des disciples. » Pour cela, nous développons quatre axes :

1. Des relations plus ouvertes que dans les cultes.
2. Un espace d'apprentissage pour la prière, les dons spirituels.
3. Un temps pour s'ouvrir à la Parole de Dieu de façon pratique et échanger nos besoins et nos dons.
4. Une base pour prier pour nos amis non croyants et partager la foi avec eux.

Se priver des GDM, c'est se condamner à l'isolement. La vie fraternelle a un prix et des obstacles à surmonter dans la durée. Refuser de se livrer, c'est se condamner à la solitude. Nous sommes dans un monde malade de solitude : c'est dans des relations durables que nous serons comblés, et non dans des ruptures et de nouvelles aventures…

3. Église locale

> Actes 2:46 : « Ils étaient chaque jour tous ensemble assidus au temple. Chaque jour… »
> 1 Corinthiens 14:23 : « Si donc, dans une assemblée de l'Église entière… »

C'est là que se trouve notre identité communautaire.

Célébrations

Les cultes sont des célébrations festives dans lesquelles nous exprimons notre reconnaissance à Dieu, par des chants, des mouvements (danses, cris de joie, lever les mains, bannières…), avec nos instruments. Le centre est l'adoration de Dieu, Père, Fils et Saint-Esprit. La Parole de Dieu est prêchée et nous prions pour ceux qui en ont besoin.

Classes bibliques et écoles de disciples

Le but est de pourvoir à un enseignement systématique de la Parole de Dieu. Former une mentalité biblique, équiper les croyants pour l'œuvre du ministère dans tous les domaines.

C.C.C. : Avez-vous déjà participé à un culte café-croissants ?

Pendant ce culte, un petit-déjeuner est servi à 9 h 45. Dans une ambiance conviviale, plusieurs témoignent brièvement de l'intervention de Dieu dans leur vie. Toute la louange et l'atmosphère est sensible aux personnes en recherche de Dieu. C'est une occasion pour inviter des amis !

Le jeûne et les veillées de prière

Ces rencontres rassemblent tous ceux qui ont à cœur de se mobiliser pour faire une percée spirituelle, sachant qu'une certaine sorte de foi ne vient que par le jeûne et la prière. Les sujets varient selon l'actualité. De même, les veilles de prière mobilisent l'Église pour des nuits passées dans la présence de Dieu et la prière pour le salut dans notre ville, notre pays et les nations.

Rendez-vous particuliers

Ils font les moments forts de notre vie d'Église :

- Fête de l'Évangile : Une fois par an, nous mobilisons toute l'Église pour une fête de communication de l'Évangile. Chaque groupe de l'Église est engagé à participer à toutes sortes d'activi-

tés pour partager l'Évangile aux enfants, aux jeunes, dans les rues, les media, les salles de concert ou de conférences.
- Week-end Bienvenue à CLÉ : Ce week-end permet à l'assemblée d'accueillir tous les nouveaux arrivants de l'année écoulée. A cette occasion, nous présentons la vision de l'Église et la philosophie du ministère pour chaque domaine.
- Camp d'Église : Généralement en fin du mois d'août, (après les bobos de l'été), c'est une occasion de vivre la rentrée tous ensemble et de donner un élan relationnel et spirituel à notre vie d'Église.
- Divers séminaires : pour les couples en février ou à divers moments de l'année pour différents groupes.

4. Célébrations inter-Églises et conventions

Des lieux de grands rassemblements avec des buts stratégiques et une soif d'entendre Dieu et Le voir agir.
- Une plus grande soif.
- Une plus grande foi.
- Une plus grande largesse du conseil de Dieu par la diversité des orateurs.
- Souvent plus de miracles et de visitations : on est abreuvé ensemble.
- Un espace de rencontres et un élargissement relationnel qui est indispensable à un certain nombre d'égards : le courage en voyant que nous ne sommes pas seuls mais un peuple nombreux, un élargissement dans les façons d'opérer, des rencontres amicales.

En Israël, chacun était dans sa tribu, mais parfois les tribus devaient monter ensemble à la cité de Dieu. Chaque tribu sous sa bannière. Voilà ce qu'est une convention...

Activités

L'Église n'est pas faite que de réunions, mais elle offre des opportunités de servir dans de nombreux domaines. Nous en reparlerons dans une session sur le service.

Cercles d'engagement

1. **La foule** : Les personnes que nous côtoyons et invitons. Les contacts que les membres de l'Église ont avec leur entourage représentent notre potentiel de croissance. Le mot clé en ce qui concerne la foule est *invitations*.
2. **La paroisse** : Toutes les personnes qui viennent à l'Église, même de temps en temps, les enfants, les ados. Les mots clés sont *accueil* et *être servi*.
3. **L'assemblée** : Les personnes qui disent que c'est leur Église locale et qui sont au culte régulièrement, sans être nécessairement des personnes engagées dans la vision et la vie de disciple. Ces personnes converties au Christ entretiennent leur relation avec Dieu, ont un sens d'appartenance à l'Église locale où elles donnent leur dîme. Le mot clé est *appartenance*.
4. **Les disciples engagés** : Les personnes qui progressent dans leur marche avec Christ et répondent à des critères que vous avez placés comme qualité de disciples. Ils vont vers la maturité (Colossiens 1:28). Le mot clé est *engagement*.
5. **Les équipiers** : Des personnes qui, en plus d'être des disciples, sont impliquées dans un service pour contribuer à l'accomplissement de la vision. Des disciples qui ont intégré la vision dans leur cœur et leur pensée et qui sont impliqués dans le service. Le mot clé est *service*.

A chaque cercle, nous sommes invités à progresser dans la maturité vers l'intérieur, mais nous sommes toujours serviteurs des cercles extérieurs au nôtre.

Questions

- On a expliqué que l'Église était une fiancée, une famille, une école, une entreprise et une armée. De quel caractère vous sentez-vous le plus proche ? Et le plus lointain ? Quel élément voudriez-vous développer : l'adoration, la relation, la communication de l'Évangile, la maturité, le service ?
- En quoi l'équilibre entre ces cinq caractères est-il facteur de bonne santé ?
- D'après vous, quel est le projet que le Seigneur a communiqué à cette Église ? (La vision, la mission.)
- Dans quel cercle d'engagement vous situez-vous ?
- Quelles sont les réunions où vous vous sentez bien ? Que s'y passe-t-il pour vous ? Quand il vous arrive de ne pas venir au culte ou aux réunions, que ressentez-vous ?

Session 10
SOIRÉE REPAS DE COMMUNION FRATERNELLE

Ces soirées ont lieu trois ou quatre fois durant l'école de disciples. Elles peuvent aussi prendre la forme d'une sortie récréative comme une randonnée, un temps à la patinoire, une soirée barbecue à la plage, selon la saison.

Repas de Noël

Si vous commencez votre programme à la rentrée de septembre, comme c'est le cas chez nous, cette session 9 devrait arriver dans la période qui précède Noël. C'est pourquoi, il est mentionné un repas.
Il est bon de planifier cette soirée de façon à ce que chacun soit présent, car elle est tout aussi importante que les autres sessions, dans le but poursuivi.
Si c'est un repas, il est bon que tous participent, soit par la confection d'un plat, ou par une contribution financière.
De plus, chacun est invité à faire un cadeau à un autre dans le groupe. (Veillez à ce que chacun ait quelque chose, et pour palier les oublis malencontreux, le responsable peut prévoir deux ou trois cadeaux en supplément.)
Le but de la soirée est festif et basé sur les relations positives, encourageantes. Si vous prévoyez une question de convivialité ou deux, abordez-les comme faisant partie d'une animation.
Des sketchs ou animations chantées ou jeux vont contribuer à donner un dynamisme à la soirée, mais trop d'activités peuvent priver les participants de partages spontanés.
Le dosage doit être laissé à la sensibilité de chaque responsable de groupe.

Session 11
DES RELATIONS SAINES

Jésus, mais pas Ses disciples

« J'admire Jésus, mais ne me parlez pas des chrétiens », a dit Gandhi.
Si cette déclaration n'est pas entièrement dénuée de fondement, la Bible montre qu'aucun disciple de Christ ne peut se passer des chrétiens.

> 1 Jean 4:20-21 : « Si quelqu'un dit : J'aime Dieu, et qu'il haïsse son frère, c'est un menteur ; car celui qui n'aime pas son frère qu'il voit, comment peut-il aimer Dieu qu'il ne voit pas ? Et nous avons de lui ce commandement : Que celui qui aime Dieu aime aussi son frère. »

Toutefois, c'est un aspect de la vie qui n'est pas facile, car ici intervient toute notre humanité avec ses différences et ses imperfections.

Repères bibliques

> Genèse 2:18 : « L'Éternel Dieu dit : Il n'est pas bon que l'homme soit seul. »

Même en aimant Dieu, l'être humain n'est équilibré que par le complément qu'apportent des vis-à-vis. Il a un besoin vital et indispensable de relations humaines. La solitude est une cause de déséquilibre (Proverbes 18:1).
Mais l'humanité est bâtie sur une fraternité brisée : Caïn a tué Abel (Genèse 4:8).
Toutes les différences sont devenues des séparations, des menaces ou des murs. Différences raciales, sociales, de sexe, d'âge, etc.
Jésus est venu. Ses actes et Ses paroles manifestaient un amour égal à l'égard de toute personne, quelle que soit sa race (Romain ou Juif), son niveau social (Zachée ou Marie), homme ou femme ou son âge.
Il a résumé la loi dans ces deux commandements : aimer Dieu et aimer son prochain.
A cause de toutes nos hostilités et nos séparations, Jésus a dû mourir sur la croix (Jean 11:52). Il a renversé le mur de séparation, anéantissant l'inimitié (Éphésiens 2:14-16).
Il nous a laissé ce commandement nouveau :

> Jean 13:34-35 : « Je vous donne un commandement nouveau : Aimez-vous les uns les autres ; comme je vous ai aimés, vous aussi, aimez-vous les uns les autres. A ceci tous connaîtront que vous êtes mes disciples... »

C'est très beau et attirant pour tout le monde. Mais dans la concrétisation, nous avons besoin d'apprendre à aimer.

L'amour n'est pas inné

L'amour de Dieu vient de Dieu, il n'est pas en nous. C'est devant la croix que l'on comprend l'amour et qu'on le reçoit. Dans l'idéal, nous devrions avoir des relations qui n'offensent personne. Cependant ce n'est pas vrai dans l'expérience. Jésus Lui-même nous avertit :

> Luc 17:1 : « Jésus dit à ses disciples : Il est impossible qu'il n'arrive pas des offenses. »

Aimer, c'est surmonter les offenses et les déceptions en continuant à perfectionner nos relations l'amour ne périt jamais (1 Corinthiens 13:8).
C'est traiter les occasions de chute et s'aider mutuellement à les surmonter.
Comment vivre ce commandement ?

Étudions les quatre piliers de l'amour

Premier pilier : le pardon

1. Ce coup-ci, c'est trop !
« Il exagère ! J'ai pardonné une fois. J'ai pardonné deux fois, trois fois, cinq fois... Maintenant, j'en ai marre ! » Alors Pierre s'approcha de Jésus : « Combien de fois pardonnerais-je ? » « soixante-dix fois sept fois », répondit Jésus...
Le symbolisme nous dit que c'est à l'infini que Dieu nous pardonne : « Sa miséricorde dure à toujours. »
L'amour se régénère dans le pardon. S'il y a peu de pardon exercé, il y a peu d'amour engendré.
Luc 7:47 : « Ses nombreux péchés ont été pardonnés : car elle a beaucoup aimé. Mais celui à qui on pardonne peu aime peu. »

2. Laver les pieds, remettre la dette
Jean 13:1-17 : C'est dans ce contexte-là que Jésus va donner le nouveau commandement d'amour. C'est un exemple, une pratique dans l'A.T. et le N.T. (1 Timothée 5:10) Une démonstration physique et visible d'une réalité spirituelle et invisible.
Jean 13:15,17 : « [...] Vous êtes heureux si vous les pratiquez. »

3. La miséricorde triomphe du jugement
Jacques 2:13 : « La miséricorde triomphe du jugement. »
Quand quelqu'un est offensé, cela produit un jugement sur l'offenseur.
Exemples : « Il est ingrat. » « Elle est légaliste. » « Seulement son intérêt compte. »
Pardonner, c'est remettre la dette de l'offense. Sans le pardon, nous donnons accès aux attaques démoniaques et au tourment par nos propres péchés.
Matthieu 6:14 ; Matthieu 18:34-35 ; Éphésiens 4:26-27
Mais il s'agit de triompher de l'offense, et aussi du jugement que l'on a porté sur celui qui nous a offensés. Cela va jusque-là.
« Seigneur, je renonce à figer l'image de cette personne dans mon jugement. »
Proverbes 17:9 : « Celui qui couvre une faute cherche l'amour. »

Deuxième pilier : l'encouragement (l'affection, le soutien)

Actes 28:15 : « Paul, en les voyant, rendit grâces à Dieu, et prit courage. »
Philippiens 2:1 : « S'il y a quelque consolation en Christ, s'il y a quelque soulagement dans l'amour. »
Dieu a prévu de nous donner des forces et du courage dans la communion des saints (Psaume 133).
Le mot *courage* vient du mot *cœur*. On peut définir le courage par « la force du cœur ». Encourager est donc fortifier le cœur de quelqu'un, en affirmant sa valeur, ses talents, le bénéfice de ses actes. La vie a son lot de difficultés et de chocs. Au sein des difficultés d'un monde cruel, déréglé et âpre, l'amour exprimé en paroles ou en actes est l'antidote de l'abattement. Même si nous en avons tous besoin, certains sont plus résistants, plus forts. C'est là que les plus faibles ont besoin de plus d'honneur.

1. En paroles

Proverbes 12:18 : « Tel qui parle légèrement, blesse comme un glaive ; mais la langue des sages apporte la guérison. »

Proverbes 16:24 : « Les paroles agréables sont un rayon de miel, douces pour l'âme et salutaires pour le corps. »

Éphésiens 4:29 : « Qu'il ne sorte de votre bouche aucune parole mauvaise, mais, s'il y a lieu, quelque bonne parole, qui serve à l'édification et communique une grâce à ceux qui l'entendent. »

Nous avons tous besoin de paroles qui réaffirment notre valeur, notre identité, notre utilité. Apprenons à les communiquer verbalement ou à les écrire. Par exemple, dans notre Église, nous pouvons utiliser les cartes qui sont disponibles à l'entrée. Ces cartes (postales ou cartes de vœux) sont utiles pour dire « Bravo », « Merci » ou « Courage ». Quand une personne traverse une période d'épreuves, nous pouvons écrire un mot disant : « Je sais que ce n'est pas facile pour toi, mais je sais que tu vas en sortir. Le Seigneur t'aime toujours autant. Je ne sais pas comment t'aider, mais je veux juste te dire : Tiens bon, courage ! ». Quand une personne est sortie d'un temps difficile, vous pouvez écrire un mot disant : « Bravo, j'ai vu comment tu as affronté tous ces problèmes en gardant les yeux sur Jésus. Tu as été un modèle pour moi. ». Ou encore, celui qui a été encouragé peut dire : « Quand j'étais dans la détresse, j'ai vu toute ton attention à mon égard. J'ai senti ton affection et tes prières. Merci pour ton soutien et ta fidélité. »

2. En actes

1 Jean 3:18 : « N'aimons pas en paroles et avec la langue, mais en actions et avec vérité. »

Des aides, un geste financier, une aide ménagère, un prêt de véhicule, une aide mécanique ou un travail, un repas avec quelqu'un que vous n'avez jamais invité... Pour vivre une solidarité mutuelle, et « être serviteurs les uns des autres ».

Troisième pilier : la responsabilité

1. Aimer, c'est se soucier de l'autre, se sentir responsable

Genèse 4:9 : « L'Éternel dit : Où est ton frère Abel ? Il répondit : ... suis-je le gardien de mon frère ? »

Éphésiens 4:25 : « Que chacun de vous parle selon la vérité à son prochain ; car nous sommes membres les uns des autres. »

Jean 10:13 : « Le mercenaire s'enfuit et il ne se met point en peine des brebis. »

2 Corinthiens 11:28-29 : Je suis assiégé chaque jour par les soucis que me donnent toutes les Églises. Qui est faible, que je ne sois faible ? Qui vient à tomber, que je ne brûle ?

Paul aimait les croyants et il s'en souciait.

L'Écriture nous montre que nous portons une responsabilité les uns à l'égard des autres. L'amour responsabilise. Le souci les uns des autres, la préoccupation et la sollicitude sont des signes d'amour.

2. S'exhorter, parler vrai

Hébreux 3:12-13 : « Prenez garde, frère, que quelqu'un de vous n'ait un cœur mauvais et incrédule, au point de se détourner du Dieu vivant. Mais exhortez-vous les uns les autres chaque jour, aussi longtemps qu'on peut dire : Aujourd'hui ! afin qu'aucun de vous ne s'endurcisse par la séduction du péché. »

Hébreux 10:24-25 : « Veillons les uns sur les autres, pour nous exciter à la charité et aux bonnes œuvres. N'abandonnons pas notre assemblée, comme c'est la coutume de quelques-uns ; mais exhortons-nous réciproquement, et cela d'autant plus que vous voyez s'approcher le jour. »

C'est cette exhortation mutuelle qui nous pousse dans les jours difficiles. C'est un devoir et une responsabilité fraternelle.

Si quelqu'un s'égare et que je ne lui ai rien dit, j'ai perdu mon frère et j'en suis partiellement responsable (Matthieu 18:15 ; Galates 6:1).

La maturité vient en parlant la vérité dans l'amour (Éphésiens 4:15).

3. Être redevables

Paul a voulu recevoir un regard extérieur sur son ministère afin de savoir si ce qu'il faisait était approuvé :

> Galates 2:2 : « Je leur exposai l'Évangile que je prêche parmi les païens, je l'exposai en particulier à ceux qui sont les plus considérés, afin de ne pas courir ou avoir couru en vain. »

Il faut être redevable aux conducteurs spirituels, car eux aussi sont redevables devant Dieu de ce que notre vie sera devenue (Hébreux 13:17).

C'est un avantage que d'être redevable. Nous sommes protégés et nous progressons mieux.

Les gens qui se sont égarés ont été des gens qui ne rendaient compte à personne pour leur vie, leur temps, leur argent, leurs loisirs, et, peu à peu, ils ont glissé...

> Proverbes 15:5 : « Celui qui a égard à la réprimande agit avec prudence. »
>
> Proverbes 27:6 : « Les blessures d'un ami prouvent sa fidélité, mais les baisers d'un ennemi sont trompeurs. »

Avoir deux ou trois amis autorisés à veiller sur nous : Cela ne signifie pas que tout le monde peut vous tomber dessus. Mais nous devons exprimer, à quelques personnes, notre désir de progresser au travers de leurs remarques, encouragements et critiques.

Quatrième pilier : la fidélité

1. L'unité est un fruit mûr

L'unité est un processus d'une relation engagée pendant longtemps. Elle est le fruit d'une communion exercée, les cœurs ayant travaillé l'un dans l'autre, déteignant l'un sur l'autre pour acquérir une même pensée, une même vision, un même langage.

L'unité du couple est un processus qui dure toute une vie ! Jésus parle des disciples devenus amis, en disant : « Ceux qui ont persévéré avec moi dans mes épreuves. »

De même, dans l'Église : l'unité n'est pas un sentiment ou un désir passager. Il n'y a pas d'unité sans durée. Elle est éprouvée et prouvée au cours des années, quand la relation continue à être vivante dans le pardon, l'encouragement, la vérité.

2. La loyauté

Suis-je une personne loyale ? Quelques tests :

- Ai-je répandu ou reçu des paroles de médisance ou de calomnie sur quelqu'un d'autre cette semaine ?
- Comment est-ce que je réagis quand les collègues commencent à « casser du sucre sur le dos » du patron, d'un autre employé ou du pasteur ?
- Qu'est-ce que je fais quand je vois que quelque chose ne va pas dans ma relation avec quelqu'un ? (Matthieu 7:1-5) ?
- Quand j'ai vu mon tort dans une situation, est-ce que je fais une démarche directe pour le dire à la personne affectée ?

Un trésor pour la loyauté : lumière et non secrets

Je ne serai pas captif d'un secret de quelqu'un. Si une personne me confie une parole sur une autre, je vais garder le secret pendant un temps défini. Je vais demander à celui qui s'est confié de traiter en direct son problème et, s'il le faut, je vais l'accompagner. Mais, passé le délai, je m'engage à en parler à la personne concernée, si le problème n'a pas été traité.

Moins il y a de secrets dans une Église, meilleure est sa santé !

Concrétisation

S'il y a une relation brisée, une démarche de réparation et de confession doit être faite. Si tu as répandu des médisances ou si tu les as accueillies : va et humilie-toi.

Utiliser des cartes avec un petit mot :

- « Bravo ! », pour complimenter quelqu'un qui a grandi ou a traversé une épreuve.
- « Merci », en reconnaissance à quelqu'un qui t'a été précieux ou t'a aidé.
- « Courage » ou « Tu es une personne de grande valeur », par estime pour une personne qui traverse un temps difficile.

Exprimer à quelques personnes ton désir de leur être redevable ; ta confiance en eux doit te permettre de leur demander de l'aide pour ta vie, même quand ils verront tes points faibles.
La vulnérabilité est indispensable, elle est pour les âmes fortes et courageuses qui veulent progresser. « Que pensez-vous de moi ? Si je n'étais pas sur la défensive, qu'est-ce que vous aimeriez me dire ? » Ne les interrompez pas.
Acceptes-tu de te dévoiler pour te laisser connaître ?
L'amour, c'est se laisser connaître et chercher à connaître et comprendre l'autre.
Dévoiler sa vie, ses blessures, besoins, espoirs, désirs, projets, points faibles...

Jean 15:15 : « Je vous ai appelés amis, parce que je vous ai fait connaître tout... »

L'arme anti-discorde, de Wesley

Si tous les chrétiens allaient immédiatement trouver la personne concernée dès qu'ils entendent sur elle des propos défavorables, le résultat serait double. D'abord, on saurait tout de suite si le bruit est fondé ou non. S'il ne l'est pas, on serait sûr que le rapporteur ne se risquerait pas à nous reparler de la même manière…
Rien d'étonnant à ce que le réveil méthodiste ait duré plus longtemps que toute autre effusion du Saint-Esprit dans l'histoire de l'Église. Avec de telles règles, l'harmonie était bien gardée.

Les six principes du méthodisme

1. Nous n'écouterons pas de propos négatifs au sujet d'un frère, et ne chercherons pas volontairement à entendre de tels propos.
2. S'il nous arrive d'entendre dire du mal d'un frère, nous ne serons pas prompts à le croire.
3. Dès que possible, nous ferons connaître ce que nous avons entendu, en parlant à la personne concernée, ou en lui écrivant.
4. Tant que nous n'aurons pas fait cela, nous ne communiquerons pas un iota de ces propos à qui que ce soit d'autre.
5. Et lorsque nous l'aurons fait, nous n'en dirons pas un seul mot à qui que ce soit.
6. A ces règles, il ne sera fait d'exception à moins que notre conscience ne nous y oblige absolument pour une question de vie ou de mort.

Questions

- Quels sont pour vous les quatre piliers de l'amour ?
- Mettez-vous en œuvre ces piliers dans vos relations, même si les autres ont d'autres définitions de l'amour ? (Chacun est responsable d'aimer selon ce qu'il attend des autres.)
- Croyez-vous que vous puissiez générer des difficultés dans les relations fraternelles ?
- Avez-vous confié, à certaines personnes, la responsabilité de vous encourager, vous avertir ou vous reprendre ? Si vous n'en avez pas, y a-t-il des raisons et est-ce que ce n'est pas dommage ?
- Avez-vous connu des problèmes de pardon ou de trahison ? Avez-vous pu surmonter les offenses et qu'est-ce qui vous y a aidés ?
- Que pensez-vous de l'arme anti-discorde de Wesley ?
- Avez-vous pris la décision de donner un délai lorsque quelqu'un vous fait une confidence sur une autre personne ? Quel sera l'avantage de ce type de pratique dans les relations ?

Session 12
UNE DÉFÉRENCE ENVERS LES RESPONSABLES

Quand Paul fondait une Église locale, il se préoccupait rapidement de nommer les anciens. (Actes 14:23). Il ne le faisait pas n'importe comment, ni avec n'importe qui.

Les anciens sont toujours une représentation du gouvernement

Dans les nations antiques telles que Rome ou l'Égypte, tout comme en Israël, les anciens étaient toujours l'image du gouvernement.
La représentation du gouvernement de Dieu dans la cité céleste.

> Apocalypse 4:2-4 : « Et voici, il y avait un trône dans le ciel, et sur ce trône quelqu'un était assis. [...] Autour du trône je vis vingt-quatre trônes, et sur ces trônes vingt-quatre vieillards assis, revêtus de vêtements blancs, et sur leurs têtes des couronnes d'or. »

Christ sur le Trône reçoit l'adoration car Il est le chef suprême. Les anciens appartiennent à Son gouvernement. C'est une image qui devrait se refléter dans les Églises locales. Christ est au-dessus et au centre de tout et les anciens sont autour de Lui. Ils sont un signe de l'autorité dont on dépend. Ils ne sont pas des intermédiaires, mais des représentants délégués du Trône de Christ pour bénir, protéger et conduire.

Rôle des anciens

C'est une tâche pastorale, donc une fonction de berger (pasteur).
<u>Surveiller</u> : Être attentif, avoir l'œil ouvert et la compassion d'une mère qui veille sur ses enfants. Le berger veille dans la prière comme un sacrificateur qui protège (Exode 17).
<u>Donner des soins</u> : Il recherche, il accompagne pour une cure d'âme, une restauration de la personnalité selon Dieu (Proverbes 27:23).
<u>Accompagner le développement vers la maturité</u> : (Colossiens 1:28) Il discerne la mesure de croissance et oriente vers les étapes suivantes et l'autonomie de la personne.
<u>Marcher devant</u> : (Jean 10:4 ; 1 Samuel 18:16) Il est un exemple par sa vie et inspire par l'exemple.
<u>Nourrir</u> : Essentiellement par la parole et la mise en pratique, il donne ce qui correspond aux besoins.
<u>Discipliner</u> : (Psaume 23:4 ; Galates 6:1) « Vous qui êtes spirituels reprenez dans un esprit de douceur. » Il est une sécurité : il a le courage d'intervenir en cas de déviation de n'importe qui.

L'état d'esprit des anciens

> Actes 20:28 : « Prenez donc garde à vous-même, et à tout le troupeau sur lequel le Saint-Esprit vous a établis évêques. »

Prenez garde à vous-mêmes : Les ambitions et motivations déplacées, les rivalités, les erreurs, les divisions. Il faut une même vision dans laquelle les personnalités contribuent à un équilibre. Les plus jeunes parmi les anciens montrent une soumission à l'égard des plus anciens. Cela n'est pas forcément une question d'âge, mais de maturité et de responsabilité.
Tout le troupeau : Ne pas dominer, mais être des exemples (1 Pierre 5:1-4). S'occuper de tous : « à tout le troupeau ». Veiller à l'avancement de chacun selon sa soif, sa maturité, ses dons…
Avec le ministère apostolique ou des référents hors de l'Église locale : Quelle sécurité de savoir que les anciens sont aussi redevables envers l'équipe apostolique ! Les anciens pratiquent ce qu'ils demandent aux membres. Cela rattache l'Église locale à un ensemble plus large qui lui permet de ne pas devenir une secte ou ne pas subir des abus de pouvoir.

L'état d'esprit de l'Église à l'égard des anciens

Reconnaître leur autorité et leur fonction

Les anciens sont nommés par les apôtres, mais reconnus par l'assemblée (Actes 14:23). Cela leur donne l'autorisation d'exercer l'autorité. Sans cela ils ne peuvent exercer avec liberté et efficacité. Mais si cette reconnaissance n'est pas exprimée et manifestée par les membres, nous ne pouvons attendre des responsables une attitude de paternité, les soins et l'accompagnement. Manifester l'autorité sans autorisation ouvre la voie à des abus. Ne pas donner d'autorisation aux personnes établies par Dieu pour manifester l'autorité nous livre à un sentiment de non-appartenance et de non-couverture.

Une attitude

Soumission et obéissance

> Hébreux 13:17 : « Obéissez à vos conducteurs et ayez pour eux de la déférence, car ils veillent sur vos âmes dont ils devront rendre compte; qu'il en soit ainsi, afin qu'ils le fassent avec joie, et non en gémissant, ce qui ne vous serait d'aucun avantage. »

Obéissez à vos conducteurs *peitho* (être persuadé), ayez de la déférence *hupeiko* (*hup :* sous *eiko :* céder, se rendre)
Le mot *peitho* est très proche de *pisteuo* (mettre la foi en, faire confiance). *Pisteuo* est l'attitude du cœur qui aura pour conséquence *peitho.* Ce qui signifie que la soumission implique aussi un acte de foi.
Ce passage nous exhorte donc à vraiment faire confiance à nos responsables. Comme la foi, cela vient d'une disposition du cœur envers une personne. . Il s'agit de savoir si nous avons la foi que le Seigneur a établi dans l'Église nos responsables. C'est pourquoi, dans les Actes, l'assemblée reconnaissait l'onction du Saint-Esprit sur les responsables proposés par les apôtres. Cette reconnaissance implique la soumission. La soumission est une attitude de cœur, qui doit toujours être manifestée envers les dirigeants. L'obéissance est un acte. L'acte peut ne pas devoir être manifesté s'il est contraire à ma conscience et aux paroles du Seigneur.

> Actes 5:29 : « Il faut obéir à Dieu plutôt qu'aux hommes. »

Toutefois, ce passage ne doit pas être un prétexte pour ne pas se soumettre ou obéir quand cela est légitime.

Estime et affection

> 1 Thessaloniciens 5:12-13 : « Nous vous prions, frères, d'avoir de la considération pour ceux qui travaillent parmi vous, qui vous dirigent dans le Seigneur, et qui vous exhortent. Ayez pour eux beaucoup d'affection, à cause de leur œuvre. Soyez en paix entre vous. »

Le texte nous dit de connaître ceux qui nous dirigent et travaillent parmi nous.
La considération : Le texte original dit : « une estime extrêmement haute. »

Reconnaître leur travail et leur direction : Connaître leur cœur, reconnaître leur mandat de diriger, les autoriser à reprendre et exhorter.
Beaucoup d'affection : Manifester l'affection et refuser la rancœur, la crainte, la rébellion ou l'indifférence. Rappelons que le contraire de l'amour est la peur. (Je ne parle pas d'une crainte respectueuse, mais d'une peur qui crée une distance et soupçonne le mal.)

Soutien et confiance

> 2 Chroniques 20:20 : « Confiez-vous en l'Éternel, votre Dieu, et vous serez affermis ; confiez-vous en ses prophètes, et vous réussirez. »

La confiance en vos dirigeants leur permet de mieux vous servir sans pression et cela contribue à la réussite de l'ensemble.

Encouragement

Car ils ne sont pas parfaits et ont droit à votre pardon quand ils se trompent et le reconnaissent.

Prière

Paul demande la prière pour son ministère (Éphésiens 6:19).
Peter Wagner raconte encore que « des intercesseurs ont accepté de prier quinze minutes par jour pour cent trente responsables sur une année. Quatre-vingt-neuf pour cent ont déclaré qu'ils ont constaté une efficacité accrue dans le ministère, la manifestation des dons spirituels, un niveau plus élevé de réponses à leur ministère, un discernement et une sagesse plus grands de la part de Dieu.
On a constaté que la prière quotidienne pour les responsables avait plus d'efficacité que la prière hebdomadaire ou mensuelle. »

Imitation

> Hébreux 13:7 ; 2 Timothée 3:10-11 ; 1 Corinthiens 11:1

Si les anciens doivent être des modèles, les membres doivent suivre ces modèles dans leur marche. Il ne s'agit pas de « singer » sur le plan extérieur, mais de se laisser former par leur exemple, comme un apprenti apprend d'un maître plus expérimenté.
C'est cela faire des disciples.

Questions

- Quelle attitude la Bible vous demande-t-elle d'avoir à l'égard des conducteurs de l'Église locale ? (Citez plusieurs caractéristiques.)
- Quelle différence faites-vous entre soumission et obéissance ?
- Comment faire pour soutenir les responsables et prier pour eux ? Qu'est-ce que cela apporte dans leur vie et dans la vôtre ?
- Que connaissez-vous du cœur de votre responsable de groupe ? Avez-vous confiance dans l'équipe pastorale ?
- Quand on parle de se soumettre, que ressentez-vous ?
- Comment réagissiez-vous aux figures d'autorité dans le passé ?
- Êtes-vous disposé à travailler dans le sens de la vision que Dieu a confiée aux dirigeants ? Qu'allez-vous faire pour cela ?
- Qu'évoque pour vous la notion d'honneur dû aux dirigeants et aux autorités ?

Session 13
LIBÉRALITÉ ET GÉNÉROSITÉ FINANCIÈRE

Finances et Réveil

> Actes 4:32 35 : « La multitude n'était qu'un cœur et qu'une âme. Nul ne disait que ses biens lui appartenaient en propre, mais tout était commun entre eux... Car il n'y avait parmi eux aucun indigent : tous ceux qui possédaient des champs ou des maisons les vendaient, apportaient le prix de ce qu'ils avaient vendu, et le déposaient aux pieds des apôtres ; et l'on faisait des distributions à chacun selon qu'il en avait besoin. »

Il s'agit ici de la façon dont Dieu a touché les cœurs des chrétiens de Jérusalem pour vivre la relation à l'argent en nouveauté de vie. Les finances sont toujours touchées dans les périodes de réveil.

A chaque réveil rapporté dans les Écritures, on voit le peuple reverser les dîmes à Dieu, on voit les ministères rétablis dans leurs fonctions (chantres, diacres, portiers, etc.). On voit le peuple reprendre à cœur la maison de Dieu et y faire des réparations et, de même, on voit les offrandes pour les pauvres, les étrangers et les démunis. Les réveils du temps d'Ezéchias (2 Chroniques 31) ; du temps de Josias (2 Chroniques 35:10-16) ; du temps de Néhémie et Esdras (Néhémie 10:32-39).

C'est ce qui vient de se passer pour l'Église naissant dans l'Esprit du réveil. Actes 2:4 et 44 ont une corrélation. Le Saint-Esprit touche le cœur. La manifestation visible est la préoccupation à donner à Dieu et aux autres (2 Corinthiens 8:5).

« Ils avaient tout en commun. » Nous voyons une prospérité dans le partage. Certains mettent l'accent sur la prospérité et d'autres sur le partage. Ici, nous avons les deux.

Au lieu d'idéaliser ou de craindre cela, voyons comment Dieu veut nous conduire à développer une prospérité dans le partage.

Au moment de la réforme, si le développement des Églises dans notre région a été freiné par la persécution, il l'a été tout autant par le manque financier. Il ne faut plus qu'il en soit ainsi, dans les vagues actuelles et prochaines du mouvement de Dieu.

Dans le guide de prière pour la France 2002, l'une des raisons majeures énoncées expliquant la faiblesse de l'Église en France est le manque de finances.

« La racine du problème est premièrement dans nos cœurs. La France est le quatrième plus riche pays du monde. En quarante ans, notre niveau de vie a bien augmenté et nous avons davantage de moyens financiers. Mais nous choisissons d'investir notre argent dans des activités de loisir de plus en plus nombreuses, dans des voitures performantes et des maisons confortables. La prophétie d'Aggée peut aussi nous interpeller aujourd'hui : "Est-ce le temps d'habiter vos demeures lambrissées, quand la maison du Seigneur est détruite ?" Aggée 1:4. »

La mentalité française traditionnelle fait preuve d'une pudeur excessive sur les questions financières. Chacun se garde soigneusement de dévoiler ses ressources. On entend dire parfois : « Il ne faut pas parler d'argent dans l'Église. » De plus, on craint de faire un enseignement biblique sur l'argent de peur d'être considéré comme une secte par les autorités. Il est malsain de faire de l'argent un tabou et de refuser d'en parler dans l'Église. En effet, la conséquence est que les chrétiens ne connaissent pas la vision biblique de l'argent et tendent alors à utiliser leur argent de la même façon que le monde séculier. »

Donner : le caractère selon Dieu

Avant toutes choses, Dieu vise la formation de notre caractère. En fait, donner est une expression du caractère de Dieu. Il est le Dieu généreux qui aime donner. L'expression de Son amour se manifeste par le don.

Jean 3:16 : « Dieu a tant aimé qu'il a donné. »

2 Corinthiens 9:15 : « Grâces soient rendues à Dieu pour son don merveilleux. »

Son nom *El Shaddaï,* le Dieu d'abondance, de générosité et de fécondité, montre que notre Dieu n'est ni avare, ni mesquin. Les richesses sont à Lui et servent à bénir (Aggée 2:8).

Avant tout, ce que Dieu veut produire en nous est un caractère à l'image du Sien. L'argent est l'enjeu d'un conflit spirituel, puisque Lucifer a chuté par ses richesses. Depuis, il a organisé son gouvernement en plaçant un esprit sur les richesses. Il se nomme Mammon. Notre relation à l'argent démontre notre foi et notre dépendance. « Vous ne pouvez servir Dieu et Mammon », dit Jésus.

Lors de notre conversion à Christ, nous avons besoin d'être libérés de l'influence de Mammon sur nos vies. Le choix n'est pas entre le fait d'être riche ou pauvre, mais de servir Dieu ou Mammon. Certains pauvres servent Mammon davantage que des riches et certains riches sont plus anxieux pour leurs sous que des plus pauvres.

Les marques du service à Mammon : La cupidité (amour de l'argent), la convoitise, l'inquiétude, la fraude, l'orgueil de la possession, l'avarice.

Les marques du service à Dieu dans le domaine de l'argent : La dépendance, l'intégrité, la confiance et la foi, la reconnaissance, la générosité, la fidélité.

La dîme

Par définition, elle signifie : dix pour cent de tous nos revenus. C'est le dixième de nos revenus qui revient au Seigneur.

Est-ce une institution de la loi ?

Elle a été établie par Dieu du temps d'Abraham, quatre cents ans avant la loi (Genèse 14:20). Abraham l'a donnée au sacrificateur Melchisedek, qui est l'image de Jésus en tant que souverain prêtre.

Est-ce valable dans la nouvelle alliance ? L'Écriture nous enseigne que la dîme a à voir avec le sacerdoce selon Melchisédek. (Hébreux 7:15,17,20). Or, c'est sur le modèle du sacerdoce de Melchisédek que Jésus est sacrificateur et la dîme fait partie de ce sacerdoce (Hébreux 7:2-6).

Jésus confirme cette institution divine, tout en nous avertissant de ne pas oublier la bienfaisance.

Matthieu 23:23 : « C'est là ce qu'il fallait pratiquer (justice, miséricorde) sans oublier les autres choses (dîmes et offrandes). »

Luc 11:42 : « Malheur à vous qui payez la dîme de la menthe et de la rue et de toutes les herbes, et qui négligez la justice et l'amour de Dieu : c'est là ce qu'il fallait pratiquer sans omettre les autres choses. »

Jésus est en train de reprendre les pharisiens et religieux qui, par légalisme et hypocrisie, n'oubliaient pas la dîme des herbes (des sommes ridicules !) mais qui ne montraient pas de cœur pour les pauvres ou les parents âgés.

Les faux prétextes supra spirituels :

Certains vont dire : « Mais tout mon argent appartient au Seigneur. » C'est vrai ! Mais si c'est un prétexte pour ne pas verser ta dîme, alors c'est faux.

Si quelqu'un dit : « ...mais dans les Actes, ce n'était pas la dîme mais c'était tout qui était donné à Dieu. » C'est vrai, ils portaient tout aux pieds des apôtres et ceux-ci redistribuaient selon les besoins. Cette dimension de libéralité est surnaturelle, mais l'école qui, pendant des siècles, a travaillé le peuple de Dieu est celle de la dîme.

Lévitique 27:30 : « Toute dîme de la terre appartient au Seigneur. »

La dîme est une démonstration de l'intégrité : La dîme est une démonstration de reconnaissance à Celui dont nous dépendons (Deutéronome 26:3,9-10).
Une démonstration de nos priorités qui honorent Dieu : c'est un acte de foi qui consiste à donner d'abord à Dieu comme des prémices de nos revenus (1 Rois 17:8-16).

> Proverbes 3:10 : « Honore l'Éternel avec les prémices de tout ton revenu. »

Avec les prémices ; c'est-à-dire les premiers fruits. La priorité est au Seigneur.Une marque de notre engagement dans une Église locale : Où verser la dîme ?

> Deutéronome 12:5-6,8,11,13-14,17 : « Il y aura un lieu que l'Éternel ton Dieu choisira pour y faire résider son nom. C'est là que vous présenterez vos dîmes. Vous irez au lieu que l'Éternel choisira parmi toutes vos tribus pour y placer son nom. C'est là que vous présenterez vos sacrifices, vos dîmes, vos prémices et vos offrandes. Vous n'agirez donc pas comme nous le faisons maintenant ici, où chacun fait ce qui lui semble bon. Garde-toi d'offrir tes sacrifices dans tous les lieux que tu verras. »

Dieu a choisi un lieu comme Sa demeure pour toi ! Là où tu adores Dieu par Sa volonté, là ta dîme doit être versée.
Malachie 3:7-10 : Ne pas verser la dîme n'est pas regardé comme un manque de générosité, mais comme un vol à Dieu. Le rétablissement des dîmes du temps de Malachie va accompagner le Réveil et le rétablissement de la maison de Dieu. En ce temps-là, ils s'empressaient, chacun pour sa maison, alors que la maison de Dieu n'était pas bâtie (Aggée 1:9).

Les offrandes

Jésus a dit : « Donnez et il vous sera donné. » Tant que l'on verse la dîme, on n'a encore rien donné. Maintenant, on peut apprendre à donner pour le développement des missions, pour des projets d'évangélisation ou de solidarité (Actes 11:28,30 ; 2 Corinthiens 8:9) ou pour l'équipement de la maison de Dieu (le tabernacle de Moïse, le temple de Salomon et celui du temps d'Aggée).

> 2 Corinthiens 9:6-7 : « Sachez-le, celui qui sème peu moissonne peu, et celui qui sème abondamment moissonnera abondamment. Que chacun donne comme il l'a résolu en son cœur, sans tristesse ni contrainte ; car Dieu aime celui qui donne avec joie. »

L'offrande est vue comme une semence.
*Lorsque la semence quitte ta main, elle ne quitte pas ta vie, elle va dans ton avenir où elle se multiplie. (*Mike Murdock)

L'aumône

Il s'agit ici des dons pour les pauvres (Galates 2:10) ; les opprimés, les prisonniers (Hébreux 13:3) ou quand on exerce l'hospitalité (Hébreux 13:1).
C'est le don personnel et spontané pour les situations qui nous entourent. Dieu entend les prières et les aumônes : (Actes 10:4). Les veuves étaient soutenues ainsi (1 Timothée 5:9,16).
Une école vers la mise en commun et la prospérité dans le partage.

Gestion du budget

Le Seigneur nous appelle à être des gestionnaires des richesses qu'Il nous accorde. Il nous demande d'être fidèles avec les richesses matérielles et injustes et Il nous donnera les richesses véritables.

> Luc 16:10-11 : « Celui qui est fidèle dans les moindres choses l'est aussi dans les grandes, et celui qui est injuste dans les moindres choses l'est aussi dans les grandes. Si donc vous n'avez pas été fidèle dans les richesses injustes, qui vous confiera les véritables ? »

Ce texte est donné dans la parabole de l'économe infidèle. Nous sommes appelés à être des économes, c'est-à-dire des gestionnaires. (Cela ne signifie pas de ne pas dépenser, mais de dépenser selon Dieu.)

Être disciple n'est pas seulement donner sa dîme et ensuite dépenser tout, comme nous le voulons. C'est apprendre à gérer selon la sagesse de Dieu et à dépenser dans l'obéissance à Sa parole, Ses voies et Son Esprit.

Une bonne méthode pratiquée par les pères était : 80%, 10%, 10%

C'est-à-dire : 10% pour la dîme, 10% pour l'épargne et vivre avec 80% dont les aumônes. Je sais que cela semble difficile pour nous aujourd'hui, mais il y a un principe de sagesse à recevoir et adapter. Peut-être que, pour nous, il s'agit de 10%, 87% et 3% d'épargne.

Apprendre à vivre en dehors des endettements semble être une mesure de gestion biblique. Je sais que les emprunts pour les gros achats sont devenus indispensables, mais vivre constamment avec de l'argent emprunté n'est pas une voie de bénédiction.

Questions

- En quoi le fait d'aimer le Seigneur et d'être disciple a-t-il des répercussions sur la relation à l'argent ?
- Si vous deviez donner deux caractéristiques de votre relation à l'argent aujourd'hui, que diriez-vous ? Désintérêt, convoitise, sécurité, amour de, générosité, fidélité, joie, reconnaissance, inquiétude, crainte de manquer…
- Pouvez-vous raconter comment votre relation avec l'argent a été renouvelée ? Comment le Seigneur s'y est-Il pris ?
- Est-ce que l'argent est la racine de tous les maux d'après 1 Timothée 6:10 ?
- Jusqu'à quel point le manque financier a-t-il des répercussions sur la santé de l'Église en France et l'impact de l'Évangile ?
- Avez-vous une motivation pour que nous ayons une Église prospère et capable de se développer ?
- Avez-vous reçu une conviction que la dîme appartient au Seigneur et qu'elle est versée dans l'Église locale ? Quel a été votre apprentissage avec la dîme ?
- Pratiquez-vous les offrandes pour les projets ou la mission et les aumônes envers les démunis ? Comment le faites-vous ?
- Voudriez-vous une aide dans la gestion de votre budget ?

Session 14
SOIRÉE RELATIONS :
À TABLE !

Maintenant, vous vous connaissez bien mieux. La soirée doit être chaleureuse et agréable dans la confection du repas, comme dans la décoration. La convivialité est au service de l'amour fraternel et elle y contribue.

Question

- D'après ce que vous connaissez de la personne qui est à côté de vous, expliquez-lui de quoi elle peut être satisfaite. Si vous étiez dans ses chaussures, de quoi seriez-vous heureux(se) ?

(Lors d'une telle soirée, les paroles de satisfaction pour ce qu'est l'autre ont manifesté une valorisation bienfaisante. L'affirmation de la valeur et de l'identité d'un autre est une source de guérison.)

La soirée peut évoluer dans la joie, les rires et les jeux.

Quelques communications utiles.

- Nous abordons le dernier tiers de la session de formation des disciples. Nous allons commencer à vivre dans la perspective de partager la vie de Jésus avec nos amis. Y a-t-il de la place dans nos cœurs et dans le cercle de nos relations de groupe ?
- La fête de l'Évangile arrive bientôt et nos groupes vont devenir des cours Alpha. Qui allons-nous inviter à la fête de l'Évangile et pour les cours Alpha ?
- Les responsables vont communiquer la perspective des cellules à thème. Seulement les personnes ayant validé leur formation de disciple (cf. bilan session 19) peuvent proposer des thèmes.

Pour davantage de renseignements sur les cellules à thème, voir la session « Quelle suite à donner ? » (page 87).

Session 15
SOIRÉE « PRIER POUR NOS AMIS»

Voir session 5

Session 16
LE SERVICE

« Sauvés pour servir », telle était la devise de l'Armée du Salut.
Nous avons été régénérés pour être tous des serviteurs ! Ce n'est pas parce que nous ne sommes pas sauvés par les œuvres, que nous devrions ne rien faire ! Le cœur de serviteur est la marque de Christ en un disciple.

1. La mentalité, l'esprit de service

Jésus Lui-même se présente à nous comme un serviteur et nous demande de l'imiter.

Marc 10:43-45 : « Quiconque veut être grand parmi vous, qu'il soit votre serviteur ; et quiconque veut être le premier parmi vous, qu'il soit l'esclave de tous. Car le Fils de l'homme est venu, non pour être servi, mais pour servir et donner sa vie comme la rançon de plusieurs. »

Philippiens 2:5-7 : « Ayez en vous les sentiments qui étaient en Jésus-Christ, lequel, existant en forme de Dieu, n'a point regardé comme une proie à arracher d'être égal avec Dieu, mais s'est dépouillé lui-même, en prenant une forme de serviteur, en devenant semblable aux hommes. »

Une personne, dans la Bible, nous montre particulièrement cet esprit de service et de puissance, d'humilité et de gloire : le Saint-Esprit, qui fait de nous des serviteurs de Dieu.

Actes 2:18 : « Oui, sur **mes serviteurs** et sur **mes servantes,** dans ces jours-là, je répandrai de mon Esprit ; et ils prophétiseront. »

Dans l'Ancien Testament, seuls les rois, prophètes et sacrificateurs étaient oints du Saint-Esprit pour accomplir leur appel.

Joël 2:29 : « Même sur **les serviteurs** et sur **les servantes,** dans ces jours-là, je répandrai mon Esprit. »

Le Saint-Esprit aime venir sur les serviteurs et les servantes, ceux qui suivent la démarche de Christ. Le Saint-Esprit donne une onction pour le service et c'est pour cela qu'Il animait les hommes dont Dieu se servait en Israël. L'extension mondiale du baptême de l'Esprit est un signe montrant que Dieu se prépare un peuple de serviteurs et de servantes. L'Esprit est venu pour nous rendre zélés et animés de l'esprit de service.

Quel esprit vous anime ?

L'esprit d'arrogance ne saurait plaire à Dieu. Plusieurs ont utilisé le ministère comme base de prestige charnel et le service comme une façon de se faire valoir. L'esprit de service n'est pas non plus la mentalité servile que donne l'esprit de contrainte. Le service commence avant tout dans l'esprit de l'homme.

Romains 1:9 : « Dieu, **que je sers en mon esprit** dans l'Évangile de son Fils... »

Si l'esprit de l'homme est touché et animé par l'esprit de service, il pourra aller loin ; tandis que l'orgueil ou la contrainte lui barrera le chemin tôt ou tard.

La première chose à considérer dans le service est donc : quel est l'esprit qui anime ce service ?

Luc 9:55 : « Jésus se tourna vers eux, et les réprimanda, disant : Vous ne savez de **quel esprit vous êtes animés.** »

L'exemple d'Obed Edom

C'est un homme qui est allé dans la présence de Dieu et a été animé de l'esprit de service. Il est enthousiaste pour la maison de Dieu et il est présent pour servir avec zèle à plusieurs niveaux. Cet homme donne une image qui réconcilie « Marthe et Marie ».

1 Chroniques 15:18 : Obed Edom était portier du temple. Il est tellement attiré par la présence de Dieu, qu'il ne voulait plus la quitter et son cœur le portait au service.
1 Chroniques 15:21 : Il était aussi parmi les musiciens pour conduire le chant. Il faisait partie de ceux qui conduisaient la louange dans le tabernacle de David.
1 Chroniques 15:24 : Il était aussi portier de l'arche et non seulement du temple...

1 Chroniques 26:8 : « Tous ceux-là étaient des fils d'Obed-Edom; eux, leurs fils et leurs frères, étaient des hommes pleins de vigueur et de force pour le service, soixante-deux d'Obed-Edom. »

L'esprit de service a gagné toute sa famille. La présence de Dieu l'a poussé au service si fortement que même ses fils sont connus comme « des hommes pleins de vigueur et de force pour le service ».

1 Chroniques 26:15 : « Le côté du midi échut à Obed-Edom, et la maison des magasins à ses fils. »

En plus d'être portier du temple, de l'arche, musicien, conducteur de louange dans le tabernacle, il était parmi les lévites qui gardaient les magasins. C'était un gestionnaire des richesses de Dieu. Voilà un exemple d'homme de Dieu qui pourrait nous inspirer. Il était tellement marqué par la présence de Dieu, qu'il est devenu serviteur dans les domaines humains de la maison de Dieu. Comme le dit Tommy Tenney, Jésus aimait Béthanie car Il y trouvait la combinaison de l'adoration de Marie pour sa divinité et la nourriture de Marthe pour son humanité. Trouve-t-Il la même saveur dans nos vies ou nos Églises ?

2. Les œuvres bonnes

Matthieu 5:16 : « Que votre lumière luise ainsi devant les hommes, afin **qu'ils voient vos bonnes œuvres**, et qu'ils glorifient votre Père qui est dans les cieux. »
1 Pierre 2:12 : « Ayez au milieu des païens une bonne conduite, afin que, là même où ils vous calomnient comme si vous étiez des malfaiteurs, **ils remarquent vos bonnes œuvres**, et glorifient Dieu, au jour où il les visitera. »
Tite 3:8 : « ... afin que ceux qui ont cru en Dieu **s'appliquent à pratiquer de bonnes œuvres**. »
Tite 2:14 : « ... un peuple purifié par lui et **zélé pour les bonnes œuvres**. »
Tite 3:14 : « Il faut que les nôtres aussi **apprennent à pratiquer de bonnes œuvres**... »
Jacques 2:14-17 : « Il en est ainsi de la foi : **si elle n'a pas les œuvres, elle est morte en elle-même**. »
Éphésiens 2:10 : « ... ayant été créés en Jésus-Christ **pour de bonnes œuvres,** que Dieu a préparées d'avance, afin que nous les pratiquions. »
Galates 6:9-10 : « Ne nous lassons pas de faire le bien ; car nous moissonnerons au temps convenable, si nous ne nous relâchons pas. »
1 Timothée 6:18-19 : « Recommande-leur de faire du bien, **d'être riches en bonnes œuvres...** »
Hébreux 10:24 : « Veillons les uns sur les autres, pour nous **exciter à la charité et aux bonnes œuvres**. »

C'est l'esprit de service qui crée en nous le désir de pratiquer de bonnes œuvres. C'est ainsi que commence un service :

- En aidant les personnes âgées, les mères de famille, les responsables spirituels.
- En faisant un service caché : tâches ménagères, etc.

Dans notre Église, nous n'avons pas de personnes attitrées pour le ménage. Cette tâche revient à chacun. Chaque personne salit un peu et donc elle nettoie un peu. Toute personne bénéficiant du ministère de CLÉ et participant au culte devient participante de fait d'une équipe de ménage. Le service de nettoyage n'est pas optionnel, ni réservé à ceux qui en sentent un appel particulier.

- La persévérance pour les bonnes œuvres. Ce n'est pas ce que tu fais qui compte le plus aux yeux du Seigneur mais la façon dont tu le fais. La plupart des hommes et femmes que Dieu a utilisés ont connu des années au service d'un autre, avec application et persévérance.
- En donnant aux frères (3 Jean 5-6 ; 2 Corinthiens 8 ; Romains 15:26).

La générosité et la participation aux peines des autres montrent une vraie solidarité. Les déménagements dans le cadre d'un GDM montrent la réalité d'un esprit de service.

- Aux enfants et aux petits (Matthieu 25:32-46). Le soin que nous donnons aux petits manifeste le cœur que nous avons pour le service. Souvent des gens m'ont dit avoir un appel pour prêcher. Je leur demande de l'exercer aussi parmi les enfants ou les ados. Car je sais que si vous arrivez à passionner les enfants, les adultes seront sûrement satisfaits aussi… mais je vois que les candidats semblent déçus… Où est donc l'esprit de service ?
- En s'occupant des prisonniers, malades, pauvres, étrangers… ou du soutien scolaire… (Hébreux 10:34 ; 13:2-3 ; Galates 2:10).

3. Les dons mis au service des autres : charismes

Charismes… viennent du mot grâces, car ils communiquent une grâce.

> 1 Pierre 4:10 : « Comme de bons dispensateurs des diverses grâces de Dieu, que chacun de vous mette au service des autres le don qu'il a reçu... »

Il semble que les charismes comprennent les dons spirituels, mais aussi les dons naturels régénérés par la grâce de Dieu, mis au bénéfice du Corps, dans un esprit de service.

> Romains 12:6-8 : « Puisque nous avons des dons différents, selon la grâce qui nous a été accordée, que celui qui a le don de prophétie l'exerce selon l'analogie de la foi ; que celui qui est appelé au ministère s'attache à son ministère ; que celui qui enseigne s'attache à son enseignement, et celui qui exhorte à l'exhortation. Que celui qui donne le fasse avec libéralité ; que celui qui préside le fasse avec zèle ; que celui qui pratique la miséricorde le fasse avec joie. »

Tout don naturel ou spirituel peut être considéré comme charisme : par ces dons nous devons servir les autres et recevoir leurs services. L'état d'esprit est encore une manifestation de charismes, c'est-à-dire un service accompli dans la grâce de Dieu : l'humilité, la reconnaissance, la charité, le zèle et l'application dévouée.

Cela s'applique donc aux choses spirituelles comme la prophétie, la guérison, mais aussi la cuisine, la libéralité, le soin donné aux enfants, la médecine, la mécanique...

Tout cela peut être vécu comme un charisme en dépendance du Seigneur et pour servir les autres. L'essentiel est **l'état d'esprit et le but !**

Être charismatique est donc davantage que de parler en langues ou prophétiser, c'est avoir un cœur disposé au service avec la grâce de Dieu.

Soyons reconnaissants pour les services rendus

Plusieurs responsables de l'Église ont parfois partagé leur découragement face à l'ingratitude : ils aident, se donnent complètement, et se voient abandonnés sans reconnaissance, sans aucun retour. Encourageons et récompensons les serviteurs.

Découvrir et développer les dons oints

Un certain nombre de tests peuvent nous aider à découvrir nos dons. Ces tests sont bons et utiles. Notre risque est de ne plus vouloir rien faire d'autre, sous prétexte que ce n'est pas notre don. Toutefois, nous serons plus efficaces en faisant ce à quoi Dieu nous a appelés. Gardons cela à l'esprit : servir n'est pas toujours un plaisir au départ, mais cela devient un plaisir car l'Esprit de Christ rencontre les serviteurs.

Il y aura toujours une part de service-travail et une part de service-destinée dans notre activité. Acceptons les deux dimensions.

Pourriez-vous donner une heure de service par semaine ? Dans quel domaine ?

Comment les dons peuvent-ils rester dans le cadre d'une vision large ?

Redevabilité et complémentarité sont indispensables pour une Église qui cherche à avoir un impact.

Un jour, mon beau-père, hospitalier et chaleureux, avait accueilli un homme en difficulté sociale. Cet homme était hébergé et nourri gratuitement. Comme il aimait jardiner, mon beau-père lui dit : « Voilà le jardin, c'est ton domaine. Je n'ai pas eu le temps de m'en occuper cette année. »
Plus tard, mon beau-père lui demandait de planter certains légumes et l'homme refusait. Puis il se mit en colère en disant : « Mais ce terrain est à moi. C'est mon jardin. Tu as dit : c'est ton domaine. »
Quand je reçois une responsabilité, je dois répondre devant d'autres de ce que l'on attend de moi. Ainsi, la responsabilité me rend redevable. Je ne « possède » pas la responsabilité qui m'est confiée.

Les raisons pour ne pas servir

Avez-vous déjà remarqué les raisons pour lesquelles vous évitez le service ?
La paresse, l'égoïsme, la recherche du plaisir, la fatigue, le manque de gestion du temps… les ambitions mal motivées. Il est bon d'avoir des aspirations à servir Dieu et l'Église ou les non-croyants, mais bien souvent les motivations doivent être touchées.
Le salut et la croissance de l'Église demandent continuellement plus de serviteurs dévoués aux autres et saisis par la vision de la moisson.
Le service est aussi une façon de communiquer l'Évangile, non en paroles mais en actes. Nettoyer un quartier difficile, offrir des cours aux personnes qui viennent d'arriver en France ou à des enfants en difficulté scolaire.

4- Les clés de votre qualification !

Les dons spirituels

La liste des dons spirituels énoncés en 1 Corinthiens 12 montre les manifestations surnaturelles du Saint-Esprit. Ces neufs dons spirituels sont utiles pour l'édification de l'Église et c'est là leur but. Ces dons sont distribués selon la volonté de Dieu, même si chacun peut aspirer à manifester les dons. Il nous est dit de chercher les dons les meilleurs, ce qui, sur le plan biblique, ne signifie pas les dons les plus spectaculaires, mais les plus édifiants ou bienfaisants.

> 1 Corinthiens 12:31 : « Aspirez aux dons les meilleurs. »

Les dons spirituels vous qualifient. Ne croyez pas qu'ils soient réservés pour les pasteurs et prédicateurs. L'intention de Dieu, en libérant les dons, est de mettre le Corps en mouvement et que les membres aient soin les uns des autres. (1 Corinthiens 12:25.) Tous peuvent prophétiser :

> 1 Corinthiens 14:31 : « Car vous pouvez tous prophétiser successivement. »

Paul dit : « Je désire que vous parliez tous en langues, mais encore plus que vous prophétisiez » 1 Corinthiens 14:5.

Toutefois, les autres dons de puissance : guérison, opération de miracles et don de foi sont très utiles et à la disposition des croyants. Les dons ne sont pas des preuves de maturité spirituelle, mais seulement des expressions de la puissante bonté de Dieu.

Quels sont les dons que vous avez manifestés jusqu'à ce jour ? Quels sont les dons auxquels vous aspirez ? Les dons spirituels sont une clé de votre qualification.

Vos capacités ou dons naturels

Les dons naturels ne sont pas moins des dons de Dieu. La seule différence : vous les avez reçus à la naissance. Ils ont peut-être dormi en vous, jusqu'à ce que vous ayez eu l'occasion de les manifester. Ces dons ne sont pas destinés à gagner votre vie seulement, mais aussi à servir Dieu. Mettez vos dons naturels au service de l'Église. C'est ainsi que Dieu a donné des capacités pour le travail artisanal, les inventions ou même le commerce.

> Exode 31:3-4,6 : « Je l'ai rempli de l'Esprit de Dieu, de sagesse, d'intelligence, et de savoir pour toutes sortes d'ouvrages, je l'ai rendu capable de faire des inventions, de travailler l'or, l'argent et l'airain, [...] J'ai mis de l'intelligence dans l'esprit de tous ceux qui sont habiles, pour qu'ils fassent tout ce que je t'ai ordonné. »

Ceux qui vont prospérer ne doivent pas penser qu'ils réussissent par leurs mérites. C'est Dieu qui fait prospérer (Deutéronome 8:18.)

Tout ce pour quoi vous êtes bons, ne l'utilisez pas seulement pour vous, mais aussi pour la Maison de Dieu : la cuisine, la menuiserie, le dessin, la peinture, la musique, la gestion, l'enseignement, l'animation, la conduite, les soins, la traduction, la capacité à prospérer dans les affaires, le graphisme, la mécanique et la liste peut continuer.

Ce que vous pouvez faire, Dieu veut que vous le fassiez à Sa gloire ! (1 Pierre 4:10.)

Tout ce pour quoi vous êtes bons, ne l'utilisez pas seulement pour vous, mais aussi pour la maison de Dieu

Ayez une saine opinion de vous-mêmes dit Paul en parlant des dons. (Romains 12:3) L'humilité ne consiste pas à se dénigrer soi-même, mais à reconnaître que ce que nous avons vient de Dieu et doit être mis au service des autres.

> 1 Corinthiens 4:7 : « Qu'as-tu que tu n'aies reçu ? Et si tu l'as reçu, pourquoi te glorifies-tu, comme si tu ne l'avais pas reçu ? »

L'humilité, c'est aussi reconnaître la valeur des autres et de leurs dons.

Pouvez-vous imaginer une Église dans laquelle les dons et énergies somnolentes ou non utilisées seraient placées à disposition de tous ? Elle deviendrait un lieu de ressources, un espace de bénédictions pour toute l'Église, une distribution de services pour la cité.

Votre passion, le rêve de votre vie

Si vous pouviez contribuer à changer une chose dans votre ville ou votre nation au cours de votre vie, quelle serait cette chose ? Nous avons des aspirations profondes qui se manifestent souvent dans la jeunesse. Être vieux n'est pas avoir un grand nombre d'années, c'est avoir perdu ce rêve et n'avoir que des regrets.

Écoutez ce qui a vibré dans votre cœur. L'abandon de ce rêve est la marque du déclin d'une vie. Votre cœur porte une passion. Dieu vous a créé pour porter cette passion. Nul autre que vous ne pourra la porter de la même façon, car votre personnalité est unique. Si vous ne contribuez pas à la marche du monde là où vous êtes et dans votre temps, personne ne le fera à votre place, car vous êtes unique ! Personne n'a la même voix, ni le même battement de cœur. Votre cœur bat pour être une réponse à l'intention de Dieu. Votre vie réussira si vous incarnez le rêve que Dieu a placé dans votre cœur.

> Philippiens 2:13 : « Car c'est Dieu qui produit en vous le vouloir et le faire, selon son bon plaisir. »

C'est en accomplissant le rêve de votre vie que l'enthousiasme et la joie animeront votre cœur. Ne passez pas toute une vie dans une occupation de devoir, sans passion. Même si tout travail comporte une part de devoir, découvrez ce qui vibre au plus profond de vous-mêmes et faites-le !

Vos expériences

Dans l'éducation : Qu'avez-vous appris de votre famille ou de vos parents qui vous communique un savoir-faire ?

Quelles étaient les matières scolaires auxquelles vous étiez intéressé ? Quels ont été les sujets d'intérêt général qui ont attiré votre attention ?

Quels ont été les hobbies qui ont pris votre attention et votre temps ? Quel sport avez-vous pratiqué ? Qu'est-ce que cela vous a apporté comme expérience et comme valeur ?

Dans les expériences spirituelles : Quels ont été les temps les plus forts vécus avec Dieu et qu'ont-ils apporté comme valeurs à votre vie ? Quelles ont été les vérités les plus marquantes qui ont modelé votre caractère ?

Quels ont été les domaines où vous avez servi et pour lesquels on vous a dit que c'était très bénissant ? Vous ne pouvez pas savoir avant d'avoir essayé…

Dans les douleurs et épreuves de la vie : J'ai souvent dit : Nous sommes guéris dans les meurtrissures de Jésus et nous sommes édifiés dans les cicatrices des frères.

Effectivement, les blessures reçues peuvent devenir des marques qui nous qualifient pour parler aux gens éprouvés. Qui peut mieux aider un homme venant de déposer le bilan de son entreprise que celui qui a

déjà connu une faillite ? Qui peut mieux parler à un couple apprenant que leur enfant est trisomique que des parents d'un enfant handicapé ? Qui peut consoler une épouse abandonnée par son mari infidèle, si ce n'est une femme qui a connu les angoisses et le rejet d'une telle tromperie ?
Bien souvent, les expériences les plus douloureuses de votre vie vont devenir les moyens de guérison pour d'autres. Les cendres peuvent devenir un engrais pour la croissance. Joseph a su reconnaître que ses souffrances sont devenues une opportunité pour sauver la vie à un peuple nombreux.

> Genèse 50:20 : « Vous aviez médité de me faire du mal: Dieu l'a changé en bien, pour accomplir ce qui arrive aujourd'hui, pour sauver la vie à un peuple nombreux. »

C'est aussi ce que reconnaît Ezéchias : « Mes souffrances sont devenues mon salut » Ésaïe 38:17.
Même vos chutes et vos péchés, après repentance et purification, peuvent vous qualifier pour parler aux gens égarés. Le roi David a écrit un psaume de repentance après avoir commis adultère et meurtre. Pourtant sa repentance est si profonde, qu'il déclare vouloir enseigner les pécheurs et les ramener dans les voies de Dieu.

> Psaume 51:12,15 : « O Dieu ! crée en moi un cœur pur, renouvelle en moi un esprit bien disposé. Ne me rejette pas loin de ta face, ne me retire pas ton esprit saint. J'enseignerai tes voies à ceux qui les transgressent, et les pécheurs reviendront à toi. »

Connaissez-vous le violon d'Ingres ?

Ingres était un excellent peintre, mais il avait une passion pour le violon. Malheureusement, il n'était pas un virtuose dans ce domaine. Il aimait jouer du violon, mais son don pour la peinture était bien supérieur. Il fait partie des grands peintres de notre pays, mais n'est pas cité parmi les grands musiciens. Les autres peuvent avoir une autre perception de vos dons… et c'est ce qui émane de vous qui compte dans le domaine du service. Il arrive que l'on se trompe soi-même, c'est pourquoi les autres doivent confirmer. Si vous aimez enseigner ou chanter et que les autres « subissent »… peut-être qu'il faut découvrir là où les autres se réjouissent de vos dons.

Questions

Faites le portrait du serviteur ou de la servante que vous êtes !

- Quels sont les dons que vous avez manifestés jusqu'à ce jour ? Quels sont les dons auxquels vous aspirez ?
- Si vous pouviez contribuer à changer une chose dans votre ville ou votre nation au cours de votre vie, quelle serait cette chose ? Qu'est ce qui vibre dans votre cœur ?
- Quels sont les talents naturels que le Seigneur vous a donnés ? Avez-vous déjà considéré comme un ministère de mettre au service des autres les talents que vous avez reçus ?
- Quelles sont les expériences qui vous caractérisent ? Dans l'éducation, dans la vie spirituelle ou dans vos épreuves ? Reprenez les questions sur les expériences et faites un profil de votre personne.
- Avez-vous déjà demandé à d'autres personnes ce qu'elles reçoivent de votre service ? Ne restez pas à jouer du violon, si vous êtes plus bénissant pour la peinture…
- Pouvez-vous raconter s'il vous est arrivé de servir dans un mauvais état d'esprit ? Quelle est la mauvaise motivation avec laquelle vous avez dû lutter le plus ?
- Avez-vous déjà remarqué les raisons pour lesquelles vous évitez le service ?
- Avez-vous senti de la joie à servir les nouveaux venus, les responsables ou les gens de votre quartier ? Qu'est-ce que cela a produit en vous ?

The purpose driven life - Rick Warren (Éditions Eternity Publishing House)

Session 17
LES OUTILS POUR COMMUNIQUER L'ÉVANGILE

Ecclésiaste 10:10 : « S'il a émoussé le fer, et s'il n'en a pas aiguisé le tranchant, il devra redoubler de force; mais la sagesse a l'avantage du succès. »

Ce passage nous dit que la sagesse a l'avantage du succès, c'est-à-dire que les outils bien affûtés avec des ouvriers qui ont appris à les utiliser font un meilleur travail. Sans cela, nous devons redoubler de force pour obtenir le même résultat. Autrement dit, une œuvre d'évangélisation va demander deux fois moins d'efforts, si nous avons été bien formés avec des outils adaptés.

1. Un outil à la mesure de chacun

Regardons ensemble ces outils d'évangélisation que nous pouvons utiliser. Certains croient plus facilement à un moyen qu'à un autre, tout simplement parce qu'ils l'ont expérimenté pour leur propre conversion. C'est pourquoi, la première question posée est : Quels sont les trois outils utilisés lors de votre conversion ?

D'abord, lisons-les. Identifions ceux par lesquels nous nous sommes convertis. Croyons-nous que d'autres puissent aussi venir au Seigneur par ces mêmes moyens ? Avons-nous commencé à les pratiquer ? En trois étapes :

Identifier les outils avec lesquels je suis à l'aise.

Pratiquer personnellement l'évangélisation en utilisant ces outils.

Se joindre à ceux qui font la même chose. Former un groupe ou une équipe.

2. Groupes de formation au travail

Si un praticien sait écrire son projet et ses méthodes, rassurer et mobiliser, évaluer un coût, c'est qu'il pourra probablement conduire une équipe.

En attendant, les personnes qui pratiquent le même type d'évangélisation vont se regrouper. Que vont--elles faire ?

- Chacun partage ses expériences, ses résultats, ses questions, ses difficultés. Chercher ensemble des pistes et des solutions pour surmonter ces difficultés et faire des propositions de travail. Réfléchir à un projet commun.
- Présenter ce projet au département évangélisation. Commencer des répétitions ou des exercices pour être le plus efficace.

3. Equipes de travail

Avec les personnes formées, un dirigeant d'équipe coordonne et motive. Il a non seulement une équipe formée, mais un projet précis dont le coût est évalué, tant sur le plan financier que dans la mesure de l'engagement demandé. Il faut un fonctionnement régulier (répétitions), des mises au point, un suivi du travail. Le coordinateur est membre de l'équipe du département évangélisation.

Adapté du cours de Carlo Brugnoli

DES MÉTHODES ADAPTÉES
POUR MOISSONNER AVEC MES TALENTS

Nom ....

Hospitalité	Repas et invitations	Restaurant, café	sorties
Radio locale	Articles de journaux	Débats	Conférences
Projection vidéo ou diapos	Téléphone, fax	Correspondance	Répondeur
Club d'enfants	Marionnettes	Sports	Camps
Service	Crèche, baby-sitting	Soutien scolaire	Écoute aux familles
Groupe de prière	Étude biblique (cours Alpha)	GDM	CCC
Visite aux malades	Visite aux prisonniers	Homes	Voiture auto-stop
Bibliothèque	Distribution calendriers	Stand livres	Affiches
Plein air	Soirée avec orateur	mime, théâtre	Groupe musical
Contact personnel	Travail de suite (visites)	Sondages	Porte à porte

Autres...

Quels sont les trois outils d'évangélisation utilisés lors de ma conversion ?
a) .... b) .... c) ....

Quels sont les trois outils avec lesquels je me sens le plus à l'aise ?
a) .... b) .... c) ....

Suis-je prêt à m'engager dans une équipe de formation à l'évangélisation ? Dans quel domaine ? ....

1. Hospitalité

Jean 1:38-39 : « Jésus leur dit : Que cherchez-vous ? Ils lui répondirent, Rabbi, où demeures-tu ? Venez, leur dit-il, et voyez. Ils allèrent, et ils virent où il demeurait; et ils restèrent auprès de lui ce jour-là. »

Nos maisons, nos liens relationnels sont les moyens de recevoir. C'est vrai que la maison est pour les amis et voisins. Pour les collègues, c'est peut-être un café ou un restaurant ou encore une sortie récréative. Il s'agit de vivre dans un contexte de convivialité, un moment au cours duquel nous allons partager notre foi. En parole, en actes ou offrir une opportunité de prier pour un besoin. Parfois, cela va prendre cinq minutes sur les deux ou trois heures ensemble et parfois cela occupera presque tout le temps. A nous d'être sensibles aux besoins de l'autre et être à sa disposition…

Mais une fois par mois, au minimum, nous devons vivre un moment avec nos amis non croyants en vue de l'Évangile. Prions avant de recevoir nos invités. Soyons nous -mêmes et intéressons-nous à leur vie.

2. Communication

Radio : Plusieurs radios locales sont ouvertes à une contribution de qualité. Tout en étant chrétiens, nous pourrions monter une émission de qualité sur le plan du contenu et technique : Témoignages, éthique, sujets d'actualités, apologétique...

Journaux : L'actualité est riche et mouvementée. Dans ce mouvement, Dieu a une pensée et une parole à donner. Pourquoi ne pas utiliser la presse comme une tribune pour la parole de Dieu, non pas comme un commentaire biblique, mais comme une réflexion inspirée de la sagesse de Dieu pour interpeller nos contemporains et mettre du sel et de la saveur. Une équipe de quatre rédacteurs suffit pour une colonne par semaine.

Débats-conférences : Comme au café théologique de Montpellier, auquel peu de croyants participent. Et pourtant, certains sont en recherche...

Certaines conférences méritent l'attention de ceux qui sont doués et appelés à renverser les raisonnements et les hauteurs qui s'opposent à la connaissance de Dieu. L'un de mes amis allait dans les réunions ésotériques après un temps de jeûne et prière, recommandé par l'Église, et bien souvent la confusion publique venait sur le « conférencier ».

3. Technologie

Vidéos, téléphone, répondeur, correspondance (par internet ou lettres...)

Vidéos : Nous avons eu une équipe qui passait, dans les maisons, la vidéo du film « Jésus ». Tant de millions de gens sont venus à la foi par cette vidéo. Dans les populations musulmanes, elle passe très bien. Et plusieurs pays musulmans ont autorisé sa diffusion à la TV nationale. On peut acheter quelques films et veiller à ce qu'ils soient diffusés chez nous, en invitant des amis, ou dans un groupe d'étudiants, etc.

L'évangélisation par téléphone ? Nous avons eu une équipe qui a utilisé ce moyen, et chaque après-midi de téléphone a permis de faire en moyenne trois visites. Nous avons eu des guérisons par téléphone.

Les personnes peuvent se sentir protégées chez elles, dans une situation d'anonymat, contrairement au porte-à-porte et, ainsi, ouvrent plus librement leur cœur.

Cette méthode demande une organisation systématique :

- En commençant par la première lettre de l'alphabet sur l'annuaire, il faut téléphoner systématiquement en respectant l'ordre. Éviter les commerces, les administrations et les emplois libéraux (médecins...) Dès qu'une personne a été contactée, faire une marque sur l'annuaire afin d'être toujours à jour.
- La méthode « Présentation et témoignage » : « Bonjour, je suis membre de l'Église... Je m'appelle... et j'aimerais, en quelques minutes, vous entretenir au sujet de la foi, témoigner de l'expérience que j'ai vécue et qui a bouleversé ma vie. »

On peut souvent donner son témoignage (pas plus de trois minutes, en insistant sur la relation personnelle avec Jésus), susciter des questions ou une discussion ouverte.

Les réactions sont variées.

Correspondance : Par Internet ou par lettre, pourquoi ne pas écrire notre témoignage très brièvement et laisser voir, sur notre site, les interventions de Dieu dans notre vie. Certains écrivent à des personnes seules ou en recherche. Des cartes, des témoignages d'attention font du bien à des personnes isolées ou éprouvées dans leur vie.

4. Animation

Club d'enfants, marionnettes, sports, camps.

Nos cités s'ennuient. Des clubs pour enfants répondent souvent à une attente. Un goûter est offert, avec un contenu d'une heure pour des films, des jeux, dans une bonne humeur. Les marionnettes, les tournois sportifs animent la vie des cités et amènent des enfants ou des gens que nous ne verrions jamais dans une Église. Les camps sont le lieu où les ados et les jeunes s'ouvrent le plus pour vivre une expérience avec Dieu. Un des pasteurs de notre Église s'est converti ainsi à l'âge de treize ans, alors qu'il avait seulement l'intention « d'aller mettre de l'ambiance au milieu de ces jeunes religieux. »

5. Service

Service de nettoyage ou de soins gratuits : Avec régularité, un groupe décide de répondre à un besoin du quartier, avec ce qu'il sait faire et par amour : nettoyage, réparations, soins…
Crèche ou baby-sitting : un groupe de jeunes peut décider de servir en gardant des enfants, une crèche peut aussi répondre à des besoins du quartier.
Soutien scolaire : des professeurs et étudiants vont donner une heure par semaine pour aider les élèves du quartier dans leur travail scolaire.
Écoute aux familles : des couples ou des personnes formées pour l'écoute et la réconciliation peuvent servir les familles du quartier.

6. Rencontres spirituelles

Groupe de prière : Certains aiment prier sans avoir fait une rencontre personnelle avec Jésus. Ils aiment la présence de Dieu, mais n'ont jamais fait l'expérience de recevoir la vie de Jésus et l'assurance du salut. Un groupe de prière est un bon outil pour les atteindre.
Étude biblique (cours Alpha) : Ce cours est l'un des moyens les plus utilisés par Dieu, dans l'Europe occidentale, pour communiquer la foi aux personnes en recherche, qui ont besoin de réponses aux questions pertinentes de notre temps.
GDM : Dans un groupe relationnel, l'intérêt porté à nos amis pousse le groupe à devenir une base de prière et d'accueil pour ceux qui forment notre réseau relationnel. Un GDM doit continuellement accueillir de nouvelles personnes et se développer pour se multiplier.
Cultes Café-Croissants : Ces cultes sont orientés vers les chercheurs de Dieu et non pour les chrétiens. L'atmosphère conviviale, le déroulement autour des tables, la louange adaptée et la durée des interventions doivent correspondre aux non-croyants.

7. Visites

Visite aux malades, aux prisonniers ou aux nouveaux arrivants : Les personnes qui sont en difficulté dans leur vie sont plus ouvertes à se poser des questions. Bien souvent, dans une situation de crise ou d'instabilité, nous acceptons de réfléchir au sens de la vie.
Homes pour personnes âgées : Elles attendent souvent une manifestation d'amour et de vie. Un groupe de chants avec des enfants, un groupe de dames, etc. C'est le contact humain qui leur fait du bien.
Auto-stop : prendre un auto-stoppeur peut être une bonne occasion de témoigner. La personne est dans la voiture et vous respecte parce que vous l'avez prise en voiture. On peut décider de prendre au moins un stoppeur, dans la semaine, à qui on va témoigner.

8. Littérature

Bibliothèque : Dans un village ou un quartier, une bibliothèque ou médiathèque (avec CD et vidéos) offre un point de contact à ceux qui se demandent ce qu'est une Bible.
Distribution calendriers : Pendant plusieurs années, Isabelle, mon épouse a distribué des calendriers bibliques en fin d'année. Ensuite, les voisins les lui demandaient et cela a ouvert tout le lotissement, où nous étions, à notre témoignage.
Stand livres : Dans ce même village, pendant deux ou trois ans, nous avons fait un stand biblique sur le marché. Je n'ai pas fait fortune ! Mais la Parole de Dieu a été vue et diffusée. Pas autant que je l'aurais voulu, mais davantage que si je n'avais rien fait.
Affiches : Des affiches ou des traités aident à interpeller certains. Je suis plus sensible à l'affiche. Quand nous pouvons organiser une campagne couvrant les panneaux d'un quartier ou d'une ville, je crois que l'impact du message agit par la familiarisation. C'est ce que font les publicitaires. En 1998, avant la coupe du monde qui excitait l'imagination des Français, nous avons sorti deux affiches montrant un footballeur marquant un but de la tête : « Le plus beau but de ma vie ? » Et la deuxième disait : « Jésus ! Le plus beau but de ma vie. »

9. Manifestations publiques

Plein air : Avec la proclamation publique qui peut se faire avec un groupe plus ou moins important. Mais il est bien plus fort de mobiliser l'Église entière, de temps en temps, pour une action d'envergure en public : marches pour Jésus ; ou une fête de l'Évangile dans laquelle nous utilisons tous les outils de nos équipes : tableau, sondages, groupes musicaux, sketchs, etc.

Soirées avec orateur : Un bon orateur est indispensable. Il doit savoir s'adapter au monde non croyant, tant dans son langage que dans le sujet. A nous de décider si nous voulons une conférence ou une soirée de plein Évangile avec prière pour les guérisons… En ce cas, l'Église doit prévenir les invités et les accompagner dans le déroulement.

Mime, théâtre : C'est l'un des moyens les plus vivants car le message est joué ou dépeint en direct et non pas lu ou raconté par quelqu'un. Il est bon qu'un groupe puisse se faire un répertoire adapté aux non--croyants.

Groupe musical : La qualité musicale est aujourd'hui une marque culturelle. La musique est un langage et les styles musicaux forment « des ethnies ». Il faut savoir quel est le public ciblé et se donner les moyens de l'atteindre en allant à sa rencontre dans les lieux où il se trouve. Les chants sont-ils explicites ? Les musiciens sont-ils disponibles pour parler aux gens en fin de concert ? Comment gérer les interventions entre les chants ou à la fin du concert ? Un choix est à faire et il doit être explicite.

10. Contact personnel

Conversations dans la vie quotidienne : Certains sont à l'aise dans les contacts personnels de la vie courante (à l'école, au magasin, etc.) bien plus que dans un plein air. Soyez fidèles à ce qui est dans votre cœur.

Travail de suite (visites) : A la fin d'un culte, d'une campagne de sondages ou autres manifestations, un certain nombre de personnes disent vouloir être informées des activités de l'Église. D'autres vont demander un entretien avec un responsable, d'autres veulent seulement recevoir un Nouveau Testament chez elles. Il arrive que le travail de suite soit insuffisant : par manque de continuité et de sérieux, parce qu'on est allé semer sur d'autres terrains, on peut perdre le fruit du travail entamé. On ne sème pas toujours ! Il y a des temps pour moissonner.

Sondages : « Bonjour, nous faisons une enquête sur la foi des habitants de notre ville, auriez-vous quelques minutes à m'accorder pour répondre à ces questions ? » On peut envisager de créer un sondage selon les actualités de notre ville ou de notre pays. Il est bon de veiller à la suite et donc de traiter les sondages et communiquer les résultats aux personnes concernées.

Ne pas avoir peur d'innover : Cette liste n'est pas exhaustive.

SESSION 18
PRÉPARATION AU COURS ALPHA

Au préalable, quelques principes sont à respecter : il faut veiller à ce que chacun connaisse le programme du soir et du trimestre, organiser le tour de rôle pour préparer le repas ou le dessert, organiser une couverture de prière et penser à repérer les animateurs de petits groupes.

Déroulement avec dessert

19 h	Prière et préparation
20 h	Dessert
20 h 30	Bienvenue, annonces
20 h 40	Exposé
21 h 35	Petits groupes
22 h 15	Fin

Programme

1. Qui est Jésus ?
2. Pourquoi Jésus est-Il mort ?
3. Comment être certain de sa foi ?
4. Lire la Bible : Pourquoi et comment ?
5. Pourquoi et comment prier ?
6. Comment Dieu nous guide-t-Il ?

Week-end Saint Esprit :
- Qui est le Saint-Esprit ?
- L'œuvre du Saint-Esprit.
- Comment être rempli du Saint-Esprit ?
- Comment tirer le meilleur parti du reste de sa vie ?

7. Comment résister au mal ?
8. En parler aux autres : Pourquoi et comment ?
9. Dieu guérit-Il encore aujourd'hui ?
10. Qu'en est-il de l'Église ?

Un rendez-vous à part : le week-end Saint-Esprit

Quatre enseignements sont dispensés : trois le samedi et un le dimanche.
Les discussions se font en petits groupes. Un temps de louange est prévu, ainsi qu'un temps de ministère, sans oublier la détente.

Le cours Alpha : Principes

Le premier principe est que le cours est ancré dans l'Église locale, avec une équipe fondée sur l'amitié qui se mobilise. Ensuite, que l'évangélisation est un processus. Mais aussi qu'elle doit toucher la personne entière, son intelligence, son cœur, sa volonté, sa conscience, ses émotions.
Nous devons chercher à trouver la bonne attitude envers les « pas encore » croyants, les nouveaux chrétiens ou les personnes ayant régressé dans leur foi, en mêlant douceur, assurance, intégrité, humour, respect pour toutes les questions.

L'animation des petits groupes

Taille : Une douzaine de personnes, comprenant deux animateurs, deux accompagnateurs et de quatre à huit invités. Il est nécessaire de désigner les animateurs et d'organiser les groupes de telle façon que les non-croyants ne soient pas en minorité.

Objectifs : Mener vers une relation avec Jésus et goûter à la présence de Dieu.

Les six objectifs spécifiques

Avoir une discussion

Pour remplir cet objectif, nous nous comportons comme un hôte et ses invités (pas un enseignant et ses élèves). Nous sommes à l'écoute, de façon détendue et respectueuse. Nous utilisons deux questions de base : « Que pensez-vous ? » ou « Que ressentez-vous ? » Il est recommandé de se préparer aux questions soulevées avec le livre *Sujets brûlants**, qui apporte de bonnes réponses aux sujets comme : la souffrance, les autres religions, la sexualité, le New Age, la science, la Trinité.

Montrer l'étude de la Bible

Si tous sont prêts, on peut utiliser les passages bibliques mentionnés dans le manuel du responsable, mais il faut bien préparer les questions et quand même garder du temps pour discuter l'exposé.

Apprendre à prier ensemble

On peut commencer entre les semaines six et huit, par exemple pour commencer ou finir la réunion ; il faut donner des exemples simples.

Créer des amitiés durables

Soyons conscients que c'est la raison principale qui fait rester les gens dans une Église ; n'hésitons pas à revoir les gens pendant la semaine.

Former les autres à mener

Nous avons une responsabilité pastorale à ce niveau aussi.

Comment prier avec les nouveaux ?

Lors du week-end ou au cours de la réunion *Dieu guérit-il aujourd'hui ?* ou à tous les autres moments propices, on prie dans la simplicité, en invitant le Saint-Esprit à venir ; on commence par expliquer ce que l'on va faire (imposition des mains, invitation à l'Esprit-Saint à venir, remerciement pour Sa présence), puis on demande aux personnes ce qui s'est passé pour elles.

Questions :

- Avez-vous pensé à inviter des amis, collègues de travail ou autres relations pour la découverte du cours Alpha ? Les soirées se font soit autour d'un dessert, soit d'un repas. On cherche à la fois la qualité et la liberté qui correspondent à notre identité.
- Le test Alpha est : *Est-ce que j'aimerais que mes meilleurs amis participent à une telle soirée* ? Quels sont les éléments qui vous semblent les plus gênants pour vos invités ? Pouvons-nous garantir les uns aux autres une certaine responsabilité (sensibilité) dans la façon dont nous accueillons nos amis ?
- Pour la session 20, nos amis seront invités pour des grillades. Nous les informerons de la fête de l'Évangile et présenterons les cours Alpha. Prévoir l'organisation de la soirée : session 20.

**Sujets brûlants* - Nicky Gumbel (Éditions JEM - La Maison - Burtigny)

Pour tous renseignements complémentaires sur les cours Alpha :
Alpha France - B.P. 18 - 78780 Maurecourt
01 39 70 51 14 - contact@alpha-france.org

Session 19
BILAN DE LA FORMATION DE DISCIPLE

Le but de cette session est que chacun puisse évaluer son positionnement (ou son évolution) dans chacun des repères de vie de disciple. Le responsable va rappeler la mesure attendue (ce que l'on veut produire). Un disciple est un apprenti. On doit faire une évaluation de ce que le disciple a acquis dans sa vie, le reconnaître comme un disciple formé ou voir ce qui est encore à traiter.

Il est demandé à chacun d'être honnête avec lui-même, comme avec son responsable.

C'est le responsable qui, en dernier lieu, établira aussi un bilan de formation du disciple.

Bilan : Année .... Nom .... Prénom ....

	Ce qui est acquis	En cours	A revoir
Repentance			
Conversion			
Œuvres dignes de la repentance			
Vie de prière			
Relation à l'Écriture			
Sens d'appartenance à l'Église, vision, activités			
Soutien des responsables			
Générosité et libéralité financières			
Relations de paix : le pardon, la loyauté			
L'esprit de service			
Communication de l'Évangile			
Caractère : remarques générales			

Cette page peut être photocopiée et utilisée pour vos groupes de maison.

Session 20
SOIRÉE GRILLADES ET INVITATIONS

Fin d'école de disciples et transition vers les cours Alpha

Le but est de vivre un moment convivial pour connaître les amis que nous avons l'intention d'inviter pour les cours Alpha.

Se présenter, faire connaissance, s'intéresser à chacun : voilà nos activités de la soirée (« et puis manger ! », dirait quelqu'un…)

Annonce : Présenter les cours Alpha et la fête de l'Évangile courtement.

Proposer un rendez-vous pour la prochaine rencontre au cours Alpha en annonçant ce que sera le dessert, le thème et le déroulement.

Programme

1. Qui est Jésus ?
2. Pourquoi Jésus est-Il mort ?
3. Comment être certain de sa foi ?
4. Lire la Bible : Pourquoi et comment ?
5. Pourquoi et comment prier ?
6. Comment Dieu nous guide-t-Il ?

Week-end Saint-Esprit :
- Qui est le Saint-Esprit ?
- L'œuvre du Saint-Esprit.
- Comment être rempli du Saint-Esprit ?
- Comment tirer le meilleur parti du reste de sa vie ?

7. Comment résister au mal ?
8. En parler aux autres : Pourquoi et comment ?
9. Dieu guérit-Il encore aujourd'hui ?
10. Qu'en est-il de l'Église ?

Il serait bon que les desserts soient bien préparés et, pourquoi pas, également, penser à changer de thème de dessert lors de chaque session ?

Un groupe a fait cela ! Soirée bretonne, soirée antillaise, soirée marocaine, soirée africaine, soirée alsacienne, etc. La qualité de ces desserts contribue aussi à la qualité de ces soirées.

En espérant que croissent les divers groupes de maison dans ces cours Alpha, nous aurons la joie de dédoubler nos groupes dans quelques mois et de former de nouveaux disciples !

ANNEXES

POUR LES

RESPONSABLES

GDM

LE RÔLE DU RESPONSABLE

Nous souhaitons que chaque groupe de maison ait un responsable (ou un couple responsable) assisté d'un adjoint au moins. Les maisons d'accueil peuvent changer et n'indiquent pas une responsabilité des hôtes sur le groupe.

Un pastorat multiplié :

> Exode 18:17-26 : « Le beau-père de Moïse lui dit : Ce que tu fais n'est pas bien. Tu t'épuiseras toi-même, et tu épuiseras ce peuple qui est avec toi ; car la chose est au-dessus de tes forces, tu ne pourras pas y suffire seul. Maintenant écoute ma voix ; je vais te donner un conseil, et que Dieu soit avec toi ! Sois l'interprète du peuple auprès de Dieu, et porte les affaires devant Dieu. Enseigne-leur les ordonnances et les lois ; et fais-leur connaître le chemin qu'ils doivent suivre, et ce qu'ils doivent faire. Choisis parmi tout le peuple des hommes capables, craignant Dieu, des hommes intègres, ennemis de la cupidité ; établis-les sur eux comme chefs de mille, chefs de cent, chefs de cinquante et chefs de dix. Qu'ils jugent le peuple en tout temps; qu'ils portent devant toi toutes les affaires importantes, et qu'ils prononcent eux-mêmes sur les petites causes. Allège ta charge, et qu'ils la portent avec toi. Si tu fais cela, et que Dieu te donne des ordres, tu pourras y suffire, et tout ce peuple parviendra heureusement à sa destination. Moïse écouta la voix de son beau-père, et fit tout ce qu'il avait dit. Moïse choisit des hommes capables parmi tout Israël, et il les établit chefs du peuple, chefs de mille, chefs de cent, chefs de cinquante et chefs de dix. Ils jugeaient le peuple en tout temps ; ils portaient devant Moïse les affaires difficiles, et ils prononçaient eux-mêmes sur toutes les petites causes. »

Le modèle du pasteur unique est énoncé ici comme une source d'épuisement et d'insuffisance. Le terme *conducteurs* est toujours pluriel dans le Nouveau Testament. Cela indique que nous serons une équipe pastorale et que les responsables des GDM seront associés au ministère de berger (pasteur). Ce pastorat multiplié est vécu en délégation de l'équipe pastorale et du pasteur principal.

1 - Un berger : Une personne qui prend soin des croyants

Le responsable GDM sera donc équipé pour faire l'œuvre du ministère pastoral. Il assurera donc l'accompagnement de chaque membre de son groupe, sous la responsabilité du pasteur principal. C'est le responsable GDM qui aura des entretiens, une relation d'aide et veillera à la croissance et au développement de chaque membre de son GDM.

Le berger connaît ses brebis et elles le connaissent. Une relation de proximité et de sollicitude personnelle est indispensable à un bon développement.

> Proverbes 27:23 : « Connais bien chacune de tes brebis, donne des soins à tes troupeaux. »

Nous allons donc utiliser la fiche de travail : « Connais bien chacune de tes brebis » pour chacun des participants du groupe. (Voir annexe page 83) Le but est de connaître la personne. Cela contribue à donner un sens d'appartenance (on s'intéresse à moi) et permet de mieux adapter l'aide et l'accompagnement.

Accompagnement vers la maturité. Colossiens 1:28.

Notre but est d'amener toute personne à devenir mûre en Christ. L'accompagnement dans ce processus est ce que nous appelons la tâche pastorale. Ici, nous utilisons la fiche « Donne tes soins à tes troupeaux », un accompagnement dans la vie de disciple. (Voir annexe page 84)

Ce qui compte n'est pas de solutionner tous les problèmes, mais d'utiliser les problèmes comme des opportunités de croissance en Christ.

2 - Un sacrificateur (une personne de prière)

Tout comme Jésus a présenté Ses disciples au Père dans la prière, le responsable présente les membres du groupe à Dieu régulièrement. La prière de Jean 17 nous donne un modèle de prière pour les disciples. Jésus prie pour cinq domaines. Il ne s'agit pas de s'enfermer dans une formule, mais de se laisser inspirer dans un modèle que nous donne Jésus comme sacrificateur. Cela donne un contenu à notre prière pour nos disciples.

La protection des disciples

Jean 17:11,15 : « Garde en ton nom ceux que tu m'as donnés [...] préserve-les du mal. »

Littéralement : « Serre-les près de toi. » Voilà ce qui va les protéger du monde, des tentations et attaques du diable : être près du Père. La couverture de prière sur les disciples est une protection spirituelle voulue par Dieu. Il est précieux de prier pour leur vie de prière et leur attachement de cœur au Seigneur. L'illustration de Moïse levant les mains vers Dieu face aux attaques d'Amalek nous montre que la victoire est donnée par la prière des responsables.

La consécration ou sanctification

Jean 17:17 : « Sanctifie-les par la vérité. Ta parole est la vérité. »

Que rien de leur vie ne soit en dehors de Dieu : émotions, projets, famille, finances, etc. Donne-leur soif de se consacrer.

Le témoignage

Jean 17:20 : « Ce n'est pas pour eux seulement que je prie, mais pour tous ceux qui croiront par leur parole. »

Jésus voit Ses disciples avec toutes les personnes qui croiront au travers d'eux. De même, le responsable voit le groupe avec toutes les relations potentielles de chacun. Le groupe est aussi en mission dans son entourage et le responsable prie pour cet entourage. Même quand le groupe n'est pas réuni, il est en mission dans la vie normale de la cité.

Jean 17:18 : « Comme le Père m'a envoyé dans le monde, moi aussi je vous envoie. »

L'unité

Jean 17:21 : « Que tous soient un, comme toi, Père, tu es en moi, et comme je suis en toi, afin qu'eux aussi soient un en nous, pour que le monde croie que tu m'as envoyé. »

Unis dans le nom du Seigneur, c'est-à-dire dans Sa présence, Sa personne, Sa Parole, Son amour, Son Esprit, Son œuvre. L'unité de cœur dans un groupe relationnel est si importante pour le développement de chacun. La communion est un climat qui favorise la santé. Comme l'apôtre Jean le redira :

1 Jean 1:3 : « Notre communion est avec le Père et avec son Fils Jésus-Christ. »

Développer un esprit de grâce et d'unité est un facteur de bonne santé spirituelle et une interpellation dans ce monde de fractures.

La gloire

Jean 17:24 : « Père, je veux que là où je suis, ceux que tu m'as donnés soient aussi avec moi, afin qu'ils voient ma gloire, la gloire que tu m'as donnée, parce que tu m'as aimé avant la fondation du monde. »

Jésus prie pour que Ses disciples participent à Sa gloire, qu'ils voient la gloire céleste et soient marqués d'en haut. Il prie pour qu'ils soient glorifiés en Dieu. Cela signifie qu'ils aient part aux ressources du siècle à venir et qu'ils soient un reflet de leur identité éternelle, alors qu'ils sont dans le monde.

3 - Une personne qui a le fardeau des âmes nouvelles

La passion du salut et du Royaume de Dieu !

- Les fiches « Prier pour vos amis » (page 83) ne sont pas des papiers administratifs, mais des outils de motivation pour aller chercher les non-croyants de notre entourage.
- Les personnes qui croiront : se préoccuper de notre paroisse et notre foule… Jean 17:20.
- Un travail de suite par des visites personnelles ou en les faisant faire aux membres.

Remarque. Les statistiques de croissance de l'Église disent : « Une personne venue à une réunion et visitée dans les 36 heures (15 mn) reviendra au culte suivant dans 85% des cas. Si les visites ont lieu

dans les 72 heures, 60% reviennent. Si les visites ont lieu sept jours plus tard, 15% retournent à l'Église... » La négligence à l'égard des nouveaux convertis est lourde de conséquences.
Les visites immédiates et régulières aux nouveaux sont une clé pour la croissance.
« Aucun facteur n'ajoute annuellement de nouveaux membres à l'Église plus que les visites immédiates chez toute personne qui vient pour la première fois à l'Église » Herb Miller, analyste et consultant.
Les cours « Alpha » dans le GDM sont destinés à nous motiver pour le salut et la croissance. Actes 2:47.

4 - Un animateur : Une personne qui anime et oriente les partages vers les buts fixés

Proverbes 25:27 : « Rechercher la gloire des autres est un honneur. »
Le responsable de GDM n'est pas un prédicateur qui cherche à se plaire à lui-même. Il est là pour permettre aux autres de s'ouvrir et s'exprimer sur le sujet abordé. Il sera plus un père ou une mère qu'un orateur. Il devra discerner comment mettre les autres en mouvement, posant les questions justes et laissant parler les autres en recentrant sur le sujet.

5 - Un exemple, une inspiration

1 Corinthiens 11:1 : « Soyez mes imitateurs comme je le suis de Jésus-Christ. »
1 Timothée 4:12 : « Sois un modèle pour les croyants par tes paroles, ta conduite, ton amour, ta foi et ta pureté. »
Nous voyons que « nous nous reproduisons selon notre espèce » selon l'expression de la Genèse. Il est vrai que les parents spirituels servent de référence et de repère. C'est pourquoi ils vont inspirer et modeler une éthique, une échelle de valeurs et un comportement.
L'exemple : en ce qui concerne la prévenance, l'assiduité, l'honnêteté, la foi, la ferveur. Ainsi, si un membre du groupe est absent, vous allez lui demander de vous prévenir (et pas au dernier moment !). De même si le responsable d'un GDM ne peut être là pour un culte ou une rencontre, je demande à ce qu'il soit prévenant. Rien n'est plus frustrant que d'attendre quatorze personnes et de n'en recevoir que six, et seulement deux vous ont prévenu à l'avance de leur absence ; deux autres, alors que vous arrivez à la réunion, vous appellent sur le portable, et une autre a prévenu son copain qui me glisse cela au moment où nous prenons un café en attendant les retardataires.
Les responsables ne peuvent agir ainsi et s'attendre à ce que les membres des GDM se comportent autrement.

6 - Une personne qui a une vision de croissance et d'essaimage et qui discerne, recrute et forme des personnes ressources, leaders potentiels.

Trouver de nouveaux équipiers : Ce sont les articulations de l'Église qui en dépendent. Des doublures doivent toujours être présentes dans les GDM, en vue de la croissance et de la démultiplication.
Que les responsables s'y préparent et soient toujours préoccupés à discerner, motiver, recruter et former de nouveaux responsables.
Au début, ce sont des personnes ressources, vivantes et bénissantes pour les autres.
Peu à peu, certains prennent une stature et une responsabilité qui permet de les nommer adjoints. Puis, ensuite, ils pourront être responsables quand le GDM va essaimer.

LE CAHIER DES CHARGES : CE QUI EST ATTENDU DU RESPONSABLE

Les visites

Deux par mois est un minimum. Veiller à ce qu'une personne du GDM soit visitée chaque semaine par quelqu'un d'autre. Car le GDM est un lieu de service dans lequel nous apprenons à nous bénir mutuellement. Le responsable doit tout de même veiller sur les choses qui sont communiquées par les personnes qu'il recommande et envoie. Le but est encore d'équiper les croyants à faire l'œuvre du ministère.
Que faire dans les visites et rendez-vous ?
La première chose à faire est de connaître la personne de votre GDM. Pour cela, vous aurez la fiche : « connais bien chacune de tes brebis ».
La deuxième est la fiche d'accompagnement vers la maturité. « Donne des soins ». Au fur et à mesure de la marche, vous pourrez faire un bilan de la formation de disciple, en considérant ce qui est acquis dans la vie du croyant et ce qui est encore à acquérir.

Apprendre à faire un accompagnement pastoral

Allant de la réception du salut, la repentance, la délivrance, la restauration de la personnalité.
Pour cela, nous utilisons un cours : « comment faire une cure d'âme ? » Mais votre propre expérience avec ce cours et la restauration personnelle vous donneront l'autorité.
Raconter votre propre itinéraire de restauration est ce qui vous donne une autorité, car vous avez fait l'expérience de la parole que vous donnez. Vous aurez du mal à conduire quelqu'un au-delà de l'expérience que vous avez vécue.

La prière pour ses disciples

Comme nous l'avons mentionné plus haut, nous attendons que le responsable couvre, par ses prières, les personnes que le Père lui a données, comme Jésus l'a fait en Jean 17. Nous demandons au moins trente minutes chaque semaine. Cela peut être fait au cours d'un moment de culte personnel ou dans un temps spécial réservé à cela.

Choisir son adjoint et équiper les membres

Nous attendons, de chaque responsable, qu'il soit préoccupé d'équiper d'autres à faire l'œuvre du ministère. Pour cela, nous lui demandons de chercher, discerner et recruter des personnes ressources. Ces personnes ressources se manifestent d'elles-mêmes, non en se recommandant elles-mêmes (dans les milieux charismatiques, elles le font souvent en rappelant les prophéties qu'elles ont reçues dans des conventions ou séminaires.) Elles se manifestent par la grâce qui est communiquée dans leurs interventions dans le groupe, par leur sens de service et de compassion pour les autres, l'exemple et l'adoption de la vision. Ces personnes ressources sont en route dans leur vie de disciple. En les associant aux tâches à faire dans le GDM, vous allez voir qui elles sont. Un nombre important de membres du GDM doit être impliqué dans le service : les visites, les téléphones, les anniversaires à fêter, les gâteaux à préparer, des personnes à transporter, etc.
Parmi les personnes ressources, nous allons demander qu'une se joigne comme observateur ou observatrice à la réunion des responsables GDM. Peu à peu, elle pourra devenir adjointe ou rester à ce stade-là... Voyant les implications, elle va décider si elle veut s'impliquer plus loin ou non. De même, le responsable GDM va voir si cette personne ressource convient comme adjoint ou pas.

Cette période d'observation est très utile, mais elle peut être source de blessure si les évolutions ont lieu avec des non-dits. Je crois qu'il faut faire un contrat de responsabilité pour faciliter les attentes et les engagements.

Communiquer la vision du GDM : les buts et la vision de démultiplication

Le responsable doit régulièrement communiquer la vision du GDM. C'est-à-dire communiquer la raison d'être des GDM, le contenu et les buts. De même, il est indispensable de rappeler les règles de bon fonctionnement.
Ces règles sont issues de la pratique et du vécu des responsables après des années. Nous avons posé la question : quelle est votre plus grande joie dans le service des GDM, puis, quelles sont les deux plus grandes frustrations ? Après avoir relevé les causes de blessures et de déception des responsables, nous en avons fait : « Les règles de bon fonctionnement. »

Le compte-rendu hebdomadaire et la réunion de coordination mensuelle

Après chaque réunion, le pasteur et le (ou la) coordinateur (trice) des GDM vont recevoir le compte rendu. La plupart du temps, nous procédons par courriel (e-mail) en joignant un fichier. Auparavant, nous demandions un cahier de groupe de maison pour chaque groupe.
Que mentionner sur le compte rendu ?
Date. Liste des présents.
Thème traité.
Contenu du partage : quelques phrases qui résument les échanges et ce qui est produit.
Résultats immédiats suite à la prière.
Nouvelles et travail de suite pour les membres.
Remarques ou demandes à l'équipe pastorale.

Quel temps cela prend-il d'être un responsable de GDM ?

Nous avons évalué un minimum mensuel pour un responsable de GDM. Cela prend environ six heures par semaine que d'être responsable de groupe de maison. Mais cela peut varier si vous savez déléguer.
Prière pour les membres : deux heures par mois, soit trente minutes chaque semaine.
Visites et rencontres : Deux visites mensuelles et en organiser une par semaine au travers d'une autre personne. Deux heures, soit trente minutes par semaine.
Préparation de réunion : quarante-cinq minutes.
Réunion du groupe : Deux heures par semaine.
Rédaction du compte rendu : Environ quinze minutes par semaine.
Réunion de coordination : Deux heures et demie par mois, soit quarante minutes pour une semaine.
Contact avec les non-croyants : Trente minutes par semaine.
Communication téléphonique : Trente à quarante minutes par semaine.

Cela peut être bien davantage si la chaîne de communication n'est pas en place. Cette chaîne est très utile pour faire circuler une information, sans que le responsable ait besoin d'appeler chaque personne.
Une bonne nouvelle : Il est arrivé que des personnes prennent peur en réalisant qu'elles n'avaient pas six heures de plus pour être responsable de groupe de maison. Tout d'abord, il faut comprendre que le membre du groupe va aussi participer aux sessions qui prennent deux heures dans la semaine. De plus, le temps de prière pour les membres du GDM est inclus dans la vie de prière normale, lors d'un culte personnel. Les coups de téléphone entre amis font partie de la vie et chaque membre d'un GDM reçoit des appels et en donne. Si le responsable sait déléguer, il peut répartir ses tâches entre les différentes personnes ressources. Par exemple, le compte rendu du GDM peut être fait par quelqu'un d'autre. De même, la préparation de la réunion peut aussi être assurée par un adjoint qui présentera le thème de la session. De cette façon, le responsable n'aura que deux heures de plus par semaine à consacrer au GDM, par rapport au membre du groupe.

La chaîne de communication

Par la chaîne de communication, chaque personne est appelée à veiller sur une autre, par la prière, prendre des nouvelles et communiquer des informations.

La chaîne est constituée des noms, prénoms et numéros de téléphone. Elle se présente comme un cercle : chaque personne doit communiquer avec la suivante. Si elle n'est pas là, elle devra joindre la suivante, afin de ne pas paralyser la communication. Afin de vérifier que la chaîne a fonctionné, la dernière personne doit joindre le responsable du GDM qui est le premier de la liste.

Exemple : Chaîne de communication du groupe Ouest en 2001.

La communication est souvent la clé d'une bonne relation. Il est sûr que la transmission d'information est une communication insuffisante, mais c'est un début non négligeable. Comment se sentir membre d'un groupe dans lequel je ne suis pas prévenu d'un changement, dans lequel je n'ai personne à contacter pour prendre des nouvelles ?

Chaîne de communication du GDM Ouest

Isabelle J.
04.67.72.xx.xx
isabellej@xxx.com
26 juin

Evelyne C.
04.67.03.xx.xx
13 février

Christiane P.
04.67.27.xx.xx
christianep@xxx.fr
13 septembre

Rosie S.
04.67.92.xx.xx
31 octobre

Claire S.
04.67.27.xx.xx
21 juin

Marie-Agnès T.
04.67.44.xx.xx
06.82.58.xx.xx
11 décembre

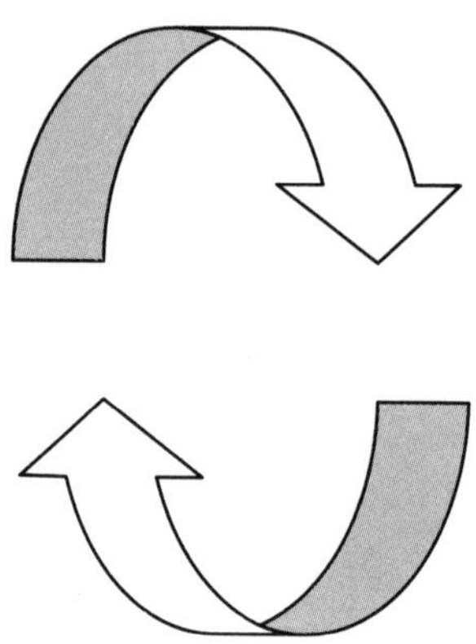

Gévy A.
04.67.47.xx.xx
2 novembre

Géraldine L.
04.67.75.xx.xx
30 janvier

Bernadette G.
04.67.20.xx.xx
06.07.36.xx.xx
3 mai

Eve Emmanuelle R.
04.67.42.xx.xx
eveer@xxx.com
9 juin

Hélène K.
04.67.22.xx.xx
helenek@provider.org
30 août

Annie G.
04.67.27.xx.xx
5 février

Margaret G.
04.67.70.xx.xx
20 juin

Sandrine M.
04.67.99.xx.xx
06.99.07.xx.xx
18 août

Isabelle C.
04.66.51.xx.xx
06.66.61.xx.xx
28 février

METTONS-NOUS EN SITUATION !

Nous avons un groupe de personnes, toutes intéressantes et différentes. En tant qu'animateur du groupe, nous allons voir comment traiter avec chaque type de personne.
Vous avez un groupe de douze personnes et vous êtes le dirigeant et avez un adjoint à choisir parmi les douze. Qui choisissez-vous et pourquoi ? Comment allez-vous conduire le groupe et traiter chacune de ces personnes ?

Le groupe :

1) J'sais rien mais je dirai tout… (car il faut que l'on sache que je suis là !) Je prends la parole tout le temps ; je suis un vrai meneur. Sans moi, ce groupe serait fade.
2) Je sais tout, mais je dirai rien… parce que je dois montrer que je sais me maîtriser.
3) Je sais un peu, mais pas assez pour le dire…
4) Je sais tout, mais ça ne m'intéresse pas de le dire aux autres.
5) Je sais pas grand-chose, mais j'ai envie d'aider tout le monde !
6) A chaque sujet, je ramène celui qui m'est le plus précieux. « C'est le cachet d'aspirine ! »
7) J'ai pas compris qu'il y avait un sujet, mais ce qui compte c'est qu'on partage avec le cœur !
8) J'ai tout compris avant les autres et ça me gave ; alors je fais rire mon voisin avec des vannes.
9) Je renchéris sur les blagues, et toute idée émise est une occasion de rigoler.
10) Si je parle et qu'on rit de ce que j'ai dit, jamais plus je ne reviendrai ici !
11) Je suis pas d'accord ! On peut discuter des opinions : c'est comme ça que je trouve les réunions plus intéressantes.
12) Je suis toujours d'accord. Comment faire mieux et progresser dans ma vie ?

Réponses du groupe responsables :

1) Me mettre à côté d'elle pour lui faire connaître quand elle doit se taire. Rebondir sur ce qui est dit. L'isoler
2) Je demande l'avis, poser des questions.
3) L'encourager dans ce qu'elle dit ; dire ce qu'elle ressent.
4) L'interpeller régulièrement. Quelle raison ? Motiver sur l'intérêt de la réunion.
5) La ramener au sujet. Risque de dépasser les limites : réfléchir aux conséquences.
6) Ramener au vrai sujet. Donner d'autres perspectives.
7) Personnes ouvertes : ramener au sujet. Donner des racines. Reporter.
8) Inviter à raconter une expérience personnelle par rapport au sujet. Faire taire…
9) Se mettre à côté. Lui demander son opinion ; laisser dire des blagues à voix haute et recadrer.
10) Qu'une personne sérieuse lui réponde et valoriser.
11) La laisser s'exprimer mais ne pas laisser la discussion sur le désaccord. Pas un lieu de débat.
12) Ne pas prendre comme argent comptant une personne qui se conforme trop. Attendre le moment de crise, qui sera provoqué par « la non-reconnaissance ».
    Nous avons souvent remarqué que des personnes sont très appliquées pour vous faire plaisir et se placer. Il est bon d'attendre la crise qui révèlera les intentions des cœurs et la réalité de l'esprit de service.

Types de personnes : quatre grandes catégories

Les bâtisseurs : S'appuyer sur eux.
Les meneurs : Les contrôler.
Les muets : les impliquer.
Les saboteurs : D'abord essayer de cadrer, puis isoler.

Animation du GDM :

Quelle est la tâche de l'animateur du GDM ? : Encourager le partage et l'échange, tout en ayant une opinion sur le fond et communiquer les outils pour progresser.

- Présenter le but de la réunion dans le cadre général de l'école de disciples.
- Présenter là où nous en sommes dans le parcours : flash-back (retours sur les thèmes des sessions précédentes) et feed-back (rapports ou témoignages des progrès : soit racontés par l'animateur ou courtes interventions des membres sous sa direction.)
- Vérifier que chacun s'exprime sur ce qu'il vit et non sur ce qu'il pense ou ressent seulement.
- Fournir les outils pour progresser.
- Vérifier les progrès par l'accompagnement personnalisé. (Ici, c'est son rôle de berger qui entre en compte.)

Le rôle d'un animateur s'étend à trois domaines : le contenu, les personnes et le temps à gérer.

Contenu :

Comment va-t-on atteindre le but ? Rappeler les objectifs de la réunion. Communiquer l'essentiel par l'exposé ou par les interventions et questions qui recadrent les discussions.

Personne : Faciliter les échanges.

1) Susciter l'écoute : se livrer, s'impliquer, une blague appropriée,
2) Faire prendre la parole,
3) Laisser l'expression voguer un peu,
4) Ramener sur le thème, rire avec celui qui rit, lui faire comprendre quand c'est fini.
5) Résumer un peu le contenu des interventions et les leçons majeures.

- Quand c'est une personne timide qui s'exprime pour la première fois, on laisse faire, même si elle sort du sujet, et on valorise son intervention.
- Si c'est un « KISETOU », on peut l'encourager à partager ce qu'il sait en se livrant lui-même et non ses connaissances seulement (cela garde humble).
- Si c'est une personne qui fait des apartés, on peut le regarder une première fois. Puis recentrer sur le sujet et inviter à dire si ce qu'il partage peut être utile à tout le groupe, puis dire quand ça suffit.
- Quelqu'un qui parle trop souvent : on peut l'inviter à écouter ; à lui dire de choisir ses interventions.
- Quelqu'un qui parle trop de lui, de son sujet favori ou d'autres sujets. Recentrer le partage sur le thème.
- Quelqu'un qui se conforme trop : Accepter cela, mais ne pas prendre comme argent comptant. Attendre le moment de crise, qui sera provoqué par « la non-reconnaissance ».

Temps :

- Commencer et finir à l'heure avec une marge de dix minutes maximum.
- Veiller sur l'équilibre entre la présence de Dieu (louange, adoration) ; l'accueil (et briser la glace) et les communications diverses (but de la réunion, annonces, questions sur les personnes, présentations éventuelles) ; le thème de la soirée. Garder au moins quinze minutes pour prier pour les besoins et voir l'intervention du Saint-Esprit.
- **La réunion ne doit pas dépasser deux heures !**

QUE CHERCHE-T-ON À PRODUIRE COMME RÉSULTATS ?

A chaque session, nous devons fixer un objectif et ne pas le perdre de vue tout au long de la réunion. Passer une bonne soirée est un très bon objectif, mais il est insuffisant pour les sessions d'école de disciples. Nous voulons voir des vies changer et progresser dans la volonté de Dieu. Nous voulons voir la parole incarnée dans les cœurs, les caractères et les comportements.

A chaque session, merci de vous reporter à ces objectifs : que voulons-nous produire comme résultats ?

Session 1 : convivialité et fiche de communication.

1. Nous voulons produire un climat favorable à l'ouverture réciproque par l'humour, la connaissance mutuelle et l'acceptation.
2. Nous voulons aussi commencer à créer une chaîne de solidarité pour la prière l'un pour l'autre et pour la communication.

Session 2 : convivialité et règles de bon fonctionnement

1. Nous voulons produire un climat favorable à l'amitié et l'ouverture, en se livrant aux autres pour se laisser connaître et en montrant de l'intérêt pour les autres.
2. Nous voulons que chacun intègre les règles de prévenance et de partage qui font le succès d'un groupe de maison.

Session 3 : Convivialité et programme global de l'école de disciples

1. Nous voulons produire le climat qui permet de rire et de pleurer ensemble, de s'ouvrir sans crainte d'être rejeté.
2. Nous voulons donner une perspective de l'école de disciples et des sessions que nous allons vivre ensemble, en communiquant un désir d'engagement « jusqu'au bout ».

Session 4 : Le témoignage de conversion

1. Vérifier la conversion et la nouvelle naissance.
2. Que chaque personne sache comment rendre son témoignage en cinq minutes en dégageant les éléments essentiels.

Sessions 5 et 15 : Fiche prière et invitation pour les amis

1. Communiquer une mentalité concernée par le salut de nos proches.
2. Apprendre à situer quelqu'un dans sa démarche pour apporter une aide adaptée.
3. Prier ensemble pour nos amis et relations ; s'encourager à les conduire à Jésus.
4. Multiplier les invitations avec des amis ou relations en recherche.

Session 6 : Repentance et œuvres dignes de repentance

1. Entretenir une mentalité désireuse d'être touchée par Dieu, un cœur sensible.
2. S'exercer à reconnaître ses torts ; à renouveler l'expérience de repentance (avoir tort).
3. Identifier les tendances qui nous conduisent à refaire une route impraticable pour le Seigneur.
4. Pratiquer des actes qui accompagnent la repentance.

Session 7 : La communion avec Dieu par la prière

1. Une prise de conscience que la prière est une question de vie et de mort. C'est une recherche de la connexion sur la vie. Le climat en nous et autour de nous en dépend.
2. Une décision de passer un moment avec le Seigneur chaque jour. Comme Jésus est priorité numéro un dans votre vie, ce moment est prioritaire sur les autres choses.
3. Apprendre à prier avec des modèles comme guides qui conduisent la pensée et le cœur.
4. Participation à un groupe (triplette) pour développer la vie de prière et devenir sentinelle pour d'autres.

Session 8 : La relation avec Dieu par l'Écriture

1. Une lecture régulière, complète et objective de la Parole de Dieu.
2. Une confession de la foi basée sur les déclarations de l'Écriture.
3. Une méditation personnelle avec notes et créativité sur les paroles que Dieu a données.

Session 9 : Vivre l'Église

1. Une adhésion de cœur à la vision de l'Église et une compréhension de notre identité.
2. Une contribution active à devenir la fiancée (adoration), la famille (relations), l'entreprise (service et mission), l'école (apprentissage), l'armée (la conquête, le caractère, la foi).
3. Une participation aux divers rassemblements de l'Église.
4. Un positionnement personnel dans les cercles d'engagement de l'Église.

Session 10 : Soirée fraternelle : repas, jeux ou sortie...

Session 11 : Des relations saines (les piliers de l'amour)

1. Me lancer dans l'aventure des relations, sans attendre de l'autre une pratique de mes définitions de l'amour.
2. Prendre conscience que je génère des difficultés à d'autres et identifier ces difficultés.

3. Que chacun cherche à responsabiliser des vis-à-vis pour m'encourager ou me reprendre.
4. Que les médisances et propos nuisibles ne soient plus accueillis, mais que la pression soit sur les personnes qui inventent et colportent de tels propos. Que les personnes concernées soient au plus tôt averties et confrontées.

Session 12 : L'attitude envers les responsables et les autorités

1. Une reconnaissance pour l'appel du pasteur : onction, dons, qualifications, vision comme venant de Dieu.
2. Une autorisation donnée pour diriger : le don de diriger doit être reconnu et libéré.
3. Un soutien actif dans l'accomplissement de la vision reçue de Dieu. Contribution par les talents, des dons et du temps mis au service.
4. Une connaissance de ce qui est dans le cœur du dirigeant… « Tu as suivi de près » pour contribuer à la réussite de la vision.
5. Une estime, l'honneur, l'affection manifestée.
6. Un soutien financier. 1 Timothée 5:17,18 ; Galates 6:6.

Session 13 : La libéralité financière et la générosité

1. Une prise de conscience que l'argent est l'enjeu d'un conflit spirituel et que, lors des réveils, les finances sont libérées…
2. Le développement de l'Église passe aussi par une fidélité dans les finances. Le désir de voir des Églises prospères, dans la 4e puissance économique mondiale.
3. Un cœur libéré de l'avarice, la crainte, la soif de posséder, le complexe… un cœur généreux.
4. La pratique de la dîme, des offrandes, de l'aumône.
5. Une saine gestion du budget familial.

Session 14 : Des relations saines (A table !)

1. Apprendre à me placer dans « les chaussures de l'autre » pour connaître ce qu'il peut ressentir et ses besoins.
2. Apprendre à exprimer la joie ensemble et les encouragements : utilisons les cartes.
3. Renouveler l'intérêt pour ceux qui ne sont pas encore des nôtres : élargir le cercle des relations avec les invités pour le cours Alpha.

Session 15 : Prière et invitation pour les amis

1. Communiquer une mentalité concernée par le salut de nos proches.
2. Apprendre à situer quelqu'un dans sa démarche pour apporter une aide adaptée.
3. Prier ensemble pour nos amis et relations ; s'encourager à les conduire à Jésus.
4. Multiplier les invitations avec des amis ou relations en recherche.
5. Commencer à recenser les invitations pour le cours Alpha et la fête de l'Évangile.

Session 16 : L'esprit de service. Que veut-on produire ?

1. Un état d'esprit enthousiaste et passionné pour la maison de Dieu. Que le zèle de Ta maison me dévore.
2. Une prise de conscience de nos motivations parfois malsaines : jalousie Ecclésiaste 4:4. ; orgueil, plaire aux hommes, Colossiens 3:23. ; les détecter en soi et laisser Dieu nous purifier.
3. Que chacun puisse faire « un profil du serviteur que je suis », prenant conscience de ses atouts, ses dons, ses expériences pour les mettre à profit des autres.
4. Une valorisation du service qui a la même valeur que la louange.
5. Un sens de responsabilité. C'est moi qui dois le faire.

Session 17 : Communiquer l'Évangile. Que veut-on produire ?

1. Un recensement des désirs de s'impliquer dans l'évangélisation avec les outils adaptés.
2. La constitution d'équipes de formation ou de travail dans diverses activités d'évangélisation.
3. Étoffer le département évangélisation par de nouvelles personnes, chefs d'équipes et coordinateurs.

Session 18 : Préparation au cours Alpha et autres outils.

1. Une bonne attitude envers les non-croyants : savoir s'effacer et parler à bon escient, non dans la polémique, mais dans l'échange.
2. Une répartition des tâches pour les sessions du cours Alpha entre les divers membres du groupe.
3. Une couverture de prière pour les invités.
4. Repère des animateurs de petits groupes - (Test Alpha).

Session 19 : Bilan de formation de disciples

1. Évaluer ce qui est acquis dans la mentalité et la pratique.
2. Évaluer ce qui est en cours dans la vie de disciple.
3. Évaluer ce qui est à revoir.
4. Être équipé pour pouvoir définir et accompagner d'autres disciples.

Session 20 : Repas fraternel pour prise de contacts avec les invités.

1. Une rencontre conviviale dans laquelle les personnes du groupe de maison présentent leurs invités les uns aux autres.
2. Présentation du cours Alpha et invitations à se retrouver pour dix semaines autour d'un dessert et d'échanges sur la foi chrétienne et les valeurs de la vie.

FICHES PASTORALES

Connais bien chacune de tes brebis, donne tes soins à tes troupeaux

Partager l'intimité dans les relations et l'accompagnement personnel

La première partie de la fiche pastorale a pour but de communiquer un sens d'appartenance au disciple. Ce sens vient quand le disciple sent qu'on lui porte un intérêt personnel. La connaissance de l'autre communique ce sens d'appartenance, si nécessaire à la vie. La solitude est la pauvreté de l'occident. Quelqu'un est enrichi lorsqu'il est connu, aimé et objet d'attention.
Merci aux responsables de groupes de maison de veiller à ce que chacun des membres du groupe ait eu l'occasion de vivre un tel moment avec eux ou l'un des adjoints.

« Connais bien chacune de tes brebis »

Contexte de vie

Enfance, parents, école. Amitiés dans l'enfance. Ces questions se formulent ainsi : Où es-tu né ? Qui étaient tes parents ? Quel élève étais-tu à l'école ? Parle-moi de tes meilleurs amis d'enfance ou d'adolescence...

Témoignages

Quel est ton témoignage de conversion ?
Les interventions miraculeuses de Dieu dans ta vie : Protection, provision, guérison, libération.

Motivations

Goûts : Qu'est-ce que tu aimes faire dans tes temps libres ? Quel est ton acteur préféré, ton musicien préféré, ton sportif favori ?
Aspirations : Par exemple, si ton stylo était le bâton de Moïse et que ce que tu vas écrire dans les dix minutes se réalisait dans ta vie, qu'est-ce que tu écrirais ? (Permettre à une personne d'exprimer ses rêves est très révélateur et libérateur pour la foi.)
Déceptions ou douleurs : Quels sont les événements les plus pénibles ou décevants que tu as connus ? Comment en es-tu sorti ?
Sensibilité : Ce qui te blesse et ce qui te réjouit. Quelles sont les paroles qui te blessent le plus ou les choses de la vie qui atteignent ton moral ou te découragent ?
Plus grandes joies : Quels ont été les deux ou trois moments qui t'ont amené le plus de bonheur dans ta vie ?

Autres renseignements

Santé : Est-ce que tu as des soucis de santé ou des faiblesses physiques sur lesquelles tu aimerais que le Seigneur intervienne ?
Formation professionnelle : Qu'as-tu fait comme études ? Ton métier te plaît-il ? Est-ce que tu aimerais faire une autre formation ou un autre métier ?
Type de membre T.B.C : Cela signifie Transfert, Biologique, Conversion. Un membre *transfert* est une personne convertie au Seigneur dans une autre Église, un membre *biologique* est une personne qui a grandi dans un foyer chrétien de l'Église et qui s'est convertie, un membre *conversion* a reçu le Seigneur par la communication de l'Évangile par une personne de l'Église.

Caractère R.P.C.T :

- Radical : toujours porteur de projets et d'idées nouvelles, sans avoir beaucoup de racines, de réflexion et de persévérance.
- Progressiste : Veut aller de l'avant, en connaissant qu'il y aura des risques et un prix à payer, mais ennemi du statu quo.
- Conservateur : Ne serait pas contre le fait d'aller de l'avant si les conséquences et les risques ont été bien réfléchis. Ennemi de l'engagement superficiel.
- Traditionaliste : Vit dans une insécurité qui fait qu'il est le défenseur de l'immobilisme. Tout va bien pour lui, du moment qu'on ne bouge pas. Ennemi de l'innovation et du mouvement.

(Les progressistes et conservateurs sont des alliés potentiels. Les radicaux et traditionalistes sont motivés par des émotions et ne peuvent contribuer au ministère sans qu'on les aide à évoluer. Si on traite les insécurités, le traditionaliste peut devenir un conservateur et le radical doit travailler sur les racines de réflexion et de persévérance pour devenir un progressiste.)

Découvrir les tendances difficiles

- Tendances montagnes,
- Tendances vallées,
- Tendances tortueuses,
- Tendances raboteuses.

Ces tendances sont des pièges sur lesquels il est bon de veiller. Ces montagnes sont capables de repousser, ces vallées vont avoir un attrait de refuge dans les moments difficiles, etc. Les connaître vous aide à encourager la personne à ne pas céder à la tentation.

> Hébreux 3:12-13 : « Prenez garde, frères, que quelqu'un de vous n'ait un cœur mauvais et incrédule, au point de se détourner du Dieu vivant. Mais exhortez-vous les uns les autres chaque jour, aussi longtemps qu'on peut dire : Aujourd'hui ! afin qu'aucun de vous ne s'endurcisse par la séduction du péché.

« Donne des soins à tes troupeaux »

La deuxième partie est un accompagnement de proximité sur la base des repères d'engagement du disciple. Cette démarche ne peut se faire de façon mécanique, mais elle s'opère dans un contexte relationnel, favorisé par la première partie. Elle offre une trame au travail pastoral qui a pour but d'amener toute personne à la maturité en Christ.

1. Quelles sont les repentances vécues ces derniers temps ?

As-tu connu des temps de repentance depuis ta conversion ?
Si tu rencontrais Jean-Baptiste, ça se passerait comment ?
Les modèles de repentance…

2. Les œuvres dignes de la repentance

Réconciliation.
Destruction.
Restitution.
Confessions aux personnes concernées.
Actes d'obéissance et bénédiction.

3. Le culte personnel

Sais-tu à quoi sert la prière ou la relation avec Dieu ?
Ton moment avec Dieu est-il régulier et épanouissant ?
Les modèles de prière utilisés. Sinon est-ce que ce serait une aide ?
Est-ce que tu veux qu'on en fasse un ensemble ?

La lecture biblique : Comment lire la Bible ?
Est-ce que tu aimerais avoir une formation biblique ?
Est-ce que tu arrives à passer du temps avec Dieu ?

4. Les activités et réunions
Sais-tu que Dieu a un projet pour cette Église ? Est-ce que tu te sens partie prenante ?
Aimes-tu ton Église locale ? As-tu conscience d'un sentiment d'appartenance ?
Connais-tu le but de vivre en Église : Comprendre que l'on construit… fiancée, famille, entreprise.
Quelles sont les réunions où tu parviens à t'ouvrir ? Au cours d'un moment de louange ou du culte ?
Est-ce que tu es dans une triplette ? Qu'est-ce que tu y vis ?
Sais-tu ce que l'on peut recevoir dans chaque réunion ?
Qu'est-ce qui t'empêche de venir aux rassemblements ? Comment peut-on t'aider à être plus régulier ?
En reprenant les cercles d'engagement, sais-tu où tu te situes : Foule, paroisse, assemblée, disciples, équipiers ?

5. Soumission aux responsables
Connais-tu ton responsable de groupe ?
As-tu confiance que Dieu l'a oint et qu'il peut être une personne par qui tu peux valider tes orientations et tes choix ?
Est-ce que tu pries pour lui (elle) ? Sais-tu comment faire et ce que ça apporte pour toi et lui (elle) ?
As-tu confiance dans l'équipe pastorale ?
Comment réagissais-tu aux figures d'autorité ?
Es-tu disposé à aider à travailler dans le sens de la vision que Dieu a confiée aux dirigeants ?

6. Participation financière
Quelle relation as-tu eu avec l'argent ? Désintérêt, manque, convoitise, sécurité…
As-tu compris que la dîme appartient au Seigneur et qu'elle est versée dans l'Église locale ?
Vois-tu en toi un intérêt pour que nous ayons une Église prospère et capable de se développer ?
Pratiques-tu les offrandes pour les projets ou la mission et les aumônes envers les démunis ?
As-tu besoin d'aide dans la gestion de ton budget ?

7. Relations
Relations fraternelles : qui sont tes amis intimes ?
Relation avec un vis-à-vis : Connais-tu quelqu'un à qui tu pourrais confier de veiller sur ton développement ?
Es-tu disposé à être redevable pour être protégé ?
As-tu connu des problèmes de pardon ou de trahison ?
Es-tu prêt au long terme dans les relations ?

8. Services
Où es-tu impliqué dans un service simple et caché dans l'Église ? Ménage…
Dans quel domaine es-tu au service avec joie ?
Si tu ne pouvais pas échouer, que rêverais-tu de faire ?

9. Evangélisation, contacts
Quelles sont les personnes non croyantes que tu côtoies régulièrement et que tu apprécies ?
Lesquelles aimerais-tu voir sauvées ?
Est-ce que tu croies que Dieu a rendez-vous avec elles ?
Est-ce que tu pries pour elles ? Est-ce que tu leur as déjà partagé ta foi et ton témoignage ?
Est-ce que tu les vois régulièrement pour veiller sur leur développement ?
Vois-tu les occasions de les inviter dans un CCC ou autre événement ?

FICHE GDM

Composition du groupe de maison

Nom du GDM ....
Nom du responsable ....
Adjoint ....
Année ....
Jour et heure des rencontres ....

Nom et prénom	Téléphone et email	Date d'anniversaire	Conseiller

Anniversaires : Cette fiche sert à se connaître et avoir les coordonnées de tout le monde. Mais surtout, elle est utile pour fêter les anniversaires. Dans un monde sans relation, nous oublions parfois de célébrer la vie et la fraternité. Il est bon qu'une personne du GDM reçoive la responsabilité de veiller sur les anniversaires de chaque membre du groupe. A cette occasion, une petite carte et une attention fraternelle comme un petit cadeau vont tisser les liens relationnels indispensables à la construction de l'Église.

QUELLE SUITE DONNER ?

Diversité ou unité de vision ?

Je voudrais revenir sur la diversité possible et souhaitable dans les modèles de groupes de maison. Ce modèle d'école de disciple n'est pas le seul qui puisse être utilisé comme une bénédiction. Je crois néanmoins, qu'il nous aide à bâtir une base commune au sein d'une Église locale. La qualité de disciples est la base pour avoir des équipiers fiables. J'ai, malheureusement, expérimenté de travailler avec des équipiers sans avoir veillé suffisamment au caractère et à la solidité de leur engagement de disciples. Le résultat est une dispersion dans la démission, au lieu d'avoir une mobilisation dans la vision. C'est la raison pour laquelle, aujourd'hui, je tiens à ce que la majeure partie des membres ait pu suivre une école de disciples dans un groupe de maison. Je dis également que les cellules à thème ne peuvent être animées par des personnes qui n'ont pas validé leur bilan de formation de disciples.

Les cellules à thème

Rick Warren écrit : « Nous vivons dans un monde à choix multiples. Ces changements ont produit une génération qui s'attend à ce qu'on lui propose plusieurs options dans tous les domaines. Le fait de proposer plusieurs styles n'est pas une incitation à la consommation, mais c'est une question de stratégie. Les Églises qui grandissent offrent de multiples programmes. »*

C'est vrai. Le programme unique n'est valable que pour donner un tronc commun à notre identité. Mais on ne peut rester à ce stade-là sans risquer de lasser ou de tourner en rond.

La fréquence des cellules à thème peut varier selon les besoins. Certains souhaitent les faire une fois par mois et d'autres une fois dans la semaine. Quand il s'agit d'une fréquence assez lâche les participants peuvent fréquenter aussi un groupe de maison (école de disciple) ou une autre cellule.

Les thèmes possibles :

- Des thèmes de vie pratique : vie conjugale, éducation des enfants, parents d'ados, chefs d'entreprise… gestion des finances, l'esthétique féminine dans le corps et la maison.
- Des thèmes de réflexion : sujets de société (sexualité, bioéthique, urbanisation), vision chrétienne du monde.
- Des thèmes de prédication : on reprend le message du pasteur, on étudie des thèmes théologiques, des livres chrétiens.
- Des thèmes de formation au service : hospitalité, relation d'aide, travailler auprès des enfants, école de louange, école de prière, comment évangéliser, etc.
- Des activités spirituelles : groupes de prière, soutien à la mission.

Rappel sur les conditions pour commencer une cellule à thème :

1- Avoir suivi le cursus de disciple et qu'il soit acquis. Cela est validé par un responsable de GDM. Les suggestions du contenu viennent des membres formés comme disciples. Car nous voulons vérifier la maturité et la qualité de ce qui sera communiqué.
2- Présenter un programme à la coordination des GDM au moins quelques mois à l'avance. Le contenu et l'objectif seront validés ou non. Toute initiative présentée en retard devra attendre les prochaines sessions. 1er mai pour septembre… 1er décembre pour les sessions de mars-avril.
3- Le groupe dure six mois et se dissout, se renouvelle ou se dédouble selon l'expérience.
4- Les personnes qui seront invitées en tant que non-croyants doivent pouvoir trouver une communication de l'Évangile au travers du thème abordé : Couples, chefs d'entreprise, célibataires, étudiants, sportifs, musiciens, danseurs, etc.

Quelques règles de fonctionnement :

- Au moins deux des quatre buts des GDM seront poursuivis par cette cellule à thème : Relations, apprentissage de prière et louange, partage de l'Évangile, formation/enseignement.
- La chaîne de communication doit aussi être faite.
- Les mêmes règles de bon fonctionnement du groupe doivent être communiquées.
- Un rapport hebdomadaire est envoyé à la coordination.

La structure du groupe suit le modèle des GDM : un responsable et un adjoint et des personnes ressources. Les responsables participent aux sessions de coordination et de formation des responsables de groupes.

- C'est l'intérêt autour du thème qui fait la cellule et non la géographie.
- Le nombre de participants est laissé à l'initiative et à la capacité du responsable, mais le groupe doit vivre sur un mode relationnel et participatif. Le minimum est quatre personnes… dont un responsable.

Toutefois, rappelons que seules les personnes disciples sont autorisées à présenter des programmes.

Toutes sortes de propositions arrivent et donnent de la vie et de la diversité à la vie de l'Église, au moyen des cellules dirigées par des principes communs, ayant des personnes qui ont eu un tronc commun dans les valeurs et se développant dans la liberté. Ce mélange de tronc commun entre les valeurs et principes de fonctionnement et de liberté dans les thèmes est intéressant pour susciter les initiatives et démontrer la sagesse infiniment variée de Dieu.

**L'Église, une passion, une vision* - Rick Warren (Éditions Eternity Publishing House)

Ce manuel va finir avec des témoignages et des questionnaires de pasteurs différents, ayant parfois des modèles différents et voyant dans les GDM ou cellules des moyens de développer leur Église dans le mandat de Jésus.

Matthieu 28:19-20 : « Allez, faites de toutes les nations des disciples, les baptisant au nom du Père, du Fils et du Saint-Esprit, et enseignez-leur à observer tout ce que je vous ai prescrit. Et voici, je suis avec vous tous les jours, jusqu'à la fin du monde. »

Quelques interviews :

Des pasteurs ont accepté avec gentillesse de répondre à quelques questions sur leur façon de vivre les groupes de maison. Les réponses devaient être concises et je les remercie d'avoir accepté de « jouer le jeu ».

1- Votre Église compte combien de personnes ?
2- Comment avez-vous commencé les cellules (GDM) et pourquoi ?
3- Combien de cellules/fraternités ou GDM avez-vous dans l'Église ?
4- Votre Église a-t-elle connu une croissance numérique au travers des groupes de maison ?
5- En quoi la qualité des disciples est-elle reliée à leur participation à un groupe de maison ?
6- Comment les fraternités se démultiplient-elles ?
7- Quelles sont les qualifications requises pour devenir responsable d'une fraternité ?
8- Est-ce que des personnes peuvent avoir plusieurs fraternités ?
9- Avez-vous une autre chose à ajouter?

Marcel Fenêt, pasteur de l'Église Évangélique Baptiste de Montesson

Votre Église compte combien de personnes ?
Cinquante membres engagés et une quinzaine de visiteurs.

Comment avez-vous commencé les cellules (GDM) et pourquoi ?
Notre Église est issue d'un GDM. Nous avons expérimenté ce type de croissance sous la responsabilité d'Yves Cornaz. De 1976 à 1986, un GDM a donné naissance à plusieurs GDM qui sont devenus des Églises autonomes.

Combien de cellules/fraternités ou GDM avez-vous dans l'Église ?
Actuellement deux GDM et un groupe de jeunes.

Votre Église a-t-elle connu une croissance numérique au travers des groupes de maison ?
On ne peut pas parler de croissance numérique significative depuis 1986 au travers des GDM.

En quoi la qualité des disciples est-elle reliée à leur participation à un groupe de maison ?
Le GDM est un moyen de « fidéliser » les membres pendant la semaine, de les suivre, de les enseigner, de prier et de partager avec eux.
Comment les fraternités se démultiplient-elles ?
Quand le nombre de participants dépasse les dix personnes et que des personnes sont prêtes à ouvrir leur maison pour former un autre groupe.

Quelles sont les qualifications requises pour devenir responsable d'une fraternité ?
Aimer et servir fidèlement le Seigneur, avec le souci et le respect des autres. Avoir un cœur de berger, donner du temps et de l'amour aux brebis.

Est-ce que des personnes peuvent avoir plusieurs fraternités ?
Il peut y avoir des coordinateurs responsables quand il y a plusieurs groupes mais il est préférable que chaque groupe ait son responsable engagé et motivé pour la croissance spirituelle des participants.

Avez-vous une autre chose à ajouter ?
La démultiplication des GDM pour former de nouvelles Églises est un moment douloureux et difficile affectivement. Nous l'avons vécu à plusieurs reprises. Ces expériences nous montrent qu'il aurait été souhaitable que toutes ces activités restent sous le même leadership, c'est-à-dire une seule assemblée, et continuent à croître sous la forme de la multiplication des GDM.

Pasteur Esron Rutayisire - Église du Bon Berger à Bujumbura.

Votre Église compte combien de personnes ?
L'Église du Bon Berger à Bujumbura compte autour de trois mille personnes.

Combien de cellules/fraternités ou GDM avez-vous dans l'Église ?
Nous avons trois cents responsables sur cent quatre-vingts Cellules/Fraternités.

Comment avez-vous commencé les cellules (GDM) et pourquoi ?
Nous avons commencé les Cellules/Fraternités avec un petit nombre, comme un essai, et, après une année, nous avons impliqué toute l'Église parce que chaque croyant est responsable de la grande mission de Jésus-Christ de « faire des disciples » et a besoin d'espaces de partage, de connaissance mutuelle et de s'impliquer davantage dans l'Église.

Votre Église a-t-elle connu une croissance numérique au travers des groupes de maison ?
Nous avons passé plusieurs années avec l'effectif de trois cents à quatre cents personnes, mais, avec les cellules, la croissance a été très remarquable depuis 1999 malgré les difficultés de croissance que l'Église a souvent traversées.

En quoi la qualité des disciples est-elle reliée à leur participation à un groupe de maison ?
En s'exerçant à servir le Seigneur dans la fraternité, le chrétien s'épanouit et abandonne petit à petit ses désirs égoïstes en s'intéressant aux besoins de son prochain et, de là, il tend vers l'affermissement et la maturité.

Comment les fraternités se démultiplient-elles ?
Les Fraternités se démultiplient selon un délai de six mois pour les cellules des jeunes (parce que les jeunes sont normalement très actifs et plus engagés dans l'évangélisation que les adultes), et de neuf à douze mois pour les adultes. Quant une fraternité pour jeunes se dote d'un nouveau responsable et qu'elle a déjà atteint une taille de vingt membres ou plus, on procède à une démultiplication de deux fraternités selon les nouveaux responsables disponibles. Pour les adultes, nous attendons une taille d'un minimum de quinze membres pour en faire deux fraternités.
Quand un responsable a eu la bénédiction de démultiplier sa cellule jusqu'à plus ou moins cinquante personnes au cours des périodes différentes, il devient ***chef de Section***. Quand il aura atteint cinq sections, soit un nombre de plus ou moins 250 membres, il a le privilège d'assumer la fonction de ***chef de Sous-District*** ; Il en sera de même quand ce dernier aura atteint cinq sous-districts soit un nombre de 1250 personnes, il devient ***Pasteur de DISTRICT***, une fonction qu'il va occuper et pour laquelle il va travailler

jusqu'à son ordination éventuelle, si je peux utiliser le terme, après avoir réuni d'autres expériences et qualités requises pour être vraiment pasteur.

Quelles sont les qualifications requises pour devenir responsable d'une fraternité ?
Les plus importantes sont :
- Être membre actif dans l'Église avec un bon témoignage, une consécration évidente envers le Seigneur et envers l'Église.
- La disponibilité.
- Un enthousiasme remarquable de son salut.

Est-ce que des personnes peuvent avoir plusieurs fraternités ?
Oui, c'est possible selon des jours différents de rencontre ; mais selon notre expérience, on ne peut pas conduire plus de deux fraternités. Une fraternité va à l'échec avec la régression spirituelle du responsable de Fraternité ou alors lorsqu'il travaille seul sans impliquer les autres membres de sa cellule.

Croyez-vous que ce modèle soit transposable en Occident ?
Le modèle est applicable en Occident comme ailleurs dans le monde parce que c'est l'Église répartie en unités de travail pour gagner d'autres à Christ et en plusieurs familles pour vivre la communion fraternelle. En fait, le modèle des cellules est biblique et peut être appliqué partout ailleurs avec des adaptations locales. L'Occident en a bénéficié en premier avec l'Église primitive : Romains 16:5. Le peuple d'Israël, au temps de Moïse, était organisé en unités de mille, de centaines et de dizaines (Exode 18).
Voilà brièvement ce que nous faisons, ce qui est un peu de notre vision et ce que nous pouvons dire pour le moment concernant le fonctionnement des cellules à l'Église du Bon Berger. Toutefois, nous restons ouverts aux directives de l'Esprit pour qu'Il nous en éclaire davantage.

Pierre Lespect, pasteur de l'Église Protestante Évangélique d'Eysines (Bordeaux)

Votre Église compte combien de personnes ?
Environ cent cinquante personnes.

Comment avez-vous commencé les cellules (GDM) et pourquoi ?
Suite à la compréhension que c'est le projet de Dieu pour l'Église en France dans notre génération. Il a fallu ensuite communiquer la vision à l'Église puis travailler plusieurs mois avant de rentrer dans cette dynamique.

Combien de cellules/fraternités ou GDM avez-vous dans l'Église ?
Aujourd'hui sept ou huit, mais c'est en mouvement permanent.

Votre Église a-t-elle connu une croissance numérique au travers des groupes de maison ?
Oui. L'Église a presque doublé en trois ans et même si tous les frères et sœurs ne sont pas rentrés encore dans les groupes de maison (environ cinquante pour cent seulement), cela a créé, dans l'Église, une dynamique de vie.

En quoi la qualité des disciples est-elle reliée à leur participation à un groupe de maison ?
Au travers des groupes de maison les frères et sœurs sont actifs et responsabilisés, ce qui les fait naturellement grandir dans la vie de disciple. (Une jeune fille qui a un bébé devient vite mature par nécessité.)

Comment les fraternités se démultiplient-elles ?
Elles ne se démultiplient pas, mais en fonction des besoins (nouvelles conversions), de nouvelles cellules se forment avec des personnes qui quittent des cellules qui marchent bien pour en démarrer des nouvelles.

Quelles sont les qualifications requises pour devenir responsable d'une fraternité ?
Il suffit d'être un chrétien engagé et de recevoir le cœur de Jésus pour ceux qui se perdent autour de nous.

Est-ce que des personnes peuvent avoir plusieurs fraternités ?
Oui, c'est une réalité pour ceux qui peuvent être disponibles. Il y a même des personnes responsables de cellule qui continuent en plus la vie dans leur ancienne cellule.

Avez-vous une autre chose à ajouter ?
La cellule doit être un lieu de vie sans lourdeur, et pour cela, il semble qu'elle ne doit pas dépasser une heure, et, pour que les personnes soient dans la liberté pour ouvrir leur cœur, il ne faut pas plus de six personnes maximum dans une cellule.

Jean-Claude Buis, pasteur de l'Assemblée chrétienne d'Agen.

Votre Église compte combien de personnes ?
Elle compte 110 adultes et 70 enfants soit 180 personnes.

Comment avez-vous commencé les cellules (GDM) et pourquoi ?
L'Église que nous formons maintenant a débuté dans une maison. La notion de « rassemblement dans la maison » a toujours été présente. Depuis l'origine, il y a eu des « cellules de maison ». Lassé d'avoir des cellules axées sur le bien-être des chrétiens, avec aucune croissance, et qui étaient une simple « activité d'Église », nous avons stoppé durant l'année 2001 jusqu'au printemps 2002. C'est lors de mon voyage au Burundi, avec Philippe Joret, que ce que j'ai vu sur place, étayé lors de nos différents partages, que j'ai eu la conviction que nous devions reformuler nos cellules en GDM (cellule, ça fait un peu prison). Avoir des sujets ouverts vers l'extérieur, afin de pouvoir accueillir des non-convertis.

Combien de cellules/fraternités ou GDM avez-vous dans l'Église ?
En novembre 2002 : neuf (soit 71 personnes). Nous en avions sept en mai (soit 57 personnes).

Votre Église a-t-elle connu une croissance numérique au travers des groupes de maison ?
Les personnes qui se sont rajoutées aux GDM commencent à venir au culte. Il y a dix pour cent des personnes qui viennent aux GDM qui ne viennent pas encore aux cultes, mais néanmoins viennent aux activités spéciales (concerts, évangélisation, café-croissants). Nous avons donc un véritable vivier.

Comment les fraternités se démultiplient-elles ?
Chaque responsable a un adjoint qui est en formation. Lorsque la fraternité atteint huit personnes, ce qui nous semble être le nombre de personnes maximum pour avoir des partages profonds, il y a démultiplication et l'adjoint devient responsable, et ainsi de suite.

Quelles sont les qualifications requises pour devenir responsable d'une fraternité ?
Être engagé dans l'Église. Accepter de rendre des comptes régulièrement, avoir une relation avec Dieu, assister aux réunions des responsables de GDM, avoir été formé pour cela.

Est-ce que des personnes peuvent avoir plusieurs fraternités ?
Les GDM ont lieu le même soir pour l'instant, donc la question ne se pose pas.

Avez-vous une autre chose à ajouter ?
Une croissance de vingt-cinq pour cent de participation entre les nouveaux venus (non convertis) et les chrétiens, en plus des échos que nous avons de ces GDM, nous montre que les sujets traités amènent les participants à mieux se connaître, se découvrir. Cela crée une fraîcheur sans cesse renouvelée entre les

personnes. (Finalement on pouvait rester dix ans ensemble, sans se connaître). Les non-croyants découvrent une foi véritable, concrète, qui donne envie.

Jean Pierre Besse, ancien à l'Église Lazare de Lausanne

Votre Église compte combien de personnes ?
Environ deux cent cinquante membres adultes (présence au culte allant jusqu'à trois cents) et deux cents enfants. Moyenne d'âge : trente à quarante ans.

Comment avez-vous commencé les cellules (GDM) et pourquoi ?
Dès son origine (spontanée et sans ministère professionnel !), l'Église a connu, à certains moments, une structure de groupes qui fut abandonnée par la suite. Plus tard, les pasteurs, convaincus que les GDM étaient nécessaires, ont demandé que les membres qui le voulaient adhèrent à un groupe, suivant un quadrillage plus ou moins par quartiers urbains ou par régions.
La moitié des membres sont dans une cellule.
Le but est de faire grandir les croyants dans leur responsabilité « horizontale » les uns envers les autres, indépendamment des critères de convenance personnelle, et aussi de stimuler leur témoignage dans leur entourage naturel et direct.

Combien de cellules/fraternités ou GDM avez-vous dans l'Église ?
Vingt à vingt-et-un groupes répartis dans diverses régions de l'ouest et du nord lausannois, ainsi qu'en campagne.

Votre Église a-t-elle connu une croissance numérique au travers des groupes de maison ?
Pas vraiment. Ce sont les rassemblements de foules (cultes et autres) qui amènent quelques nouveaux dans les groupes, plutôt que l'inverse. La cause en est probablement un manque de vision correcte (c'est-à-dire faire des disciples soi-même et s'en occuper chez soi ou chez eux) et de formation des responsables, par ailleurs dévoués, pour faire grandir les gens en Christ.

En quoi la qualité des disciples est-elle reliée à leur participation à un groupe de maison ?
Chez les participants à ces groupes, on remarque un meilleur niveau de responsabilité personnelle, une meilleure conscience de l'appel de chacun, un développement des dons et au moins une volonté d'être témoin dans l'entourage professionnel ou autre; le partage de la Parole de Dieu, la prière les uns pour les autres ainsi que la pratique du soutien mutuel y sont plus fréquents.

Comment les fraternités se démultiplient-elles ?
Quand un groupe atteint la quinzaine, il y a en principe partage en deux nouveaux groupes; mais les critères d'affinité jouent un trop grand rôle (atout ou obstacle ?), ce qui ne favorise pas une répartition équitable des forces entre cellules. Il nous semble que le groupe de départ devrait continuer à réunir ses membres en tant que « Cellule-mère ». Et cette cellule, stimulant les membres à former leur propre réseau de disciples, deviendrait une cellule-souche à laquelle les responsables des nouvelles cellules-filles devraient continuer à s'alimenter et à se former (mais nous n'en sommes pas encore vraiment là malheureusement... ou si peu...)
Quelles sont les qualifications requises pour devenir responsable d'une fraternité ?
Avoir des qualités de « pères et mères » spirituels, avec un cœur de berger et/ou d'évangéliste moteur (plus rare). Il s'avère que les chrétiens assez récents, « frais », sans grande expérience ni longue tradition, sont souvent les meilleurs pour ce travail. Ils entrent plus vite dans de nouvelles visions et pratiques. Les autres sont peut-être plus solides, mais ils peuvent être tentés de copier un style plus traditionnellement « clérical ».

Est-ce que des personnes peuvent avoir plusieurs fraternités ?
Il n'y a aucune interdiction à ce sujet. Il arrive que certains se donnent dans un groupe qui leur apporte peu et se rechargent dans tel autre plus avancé. Une participation de tel ou tel à des groupes d'autres Églises est possible mais reste l'exception.

Avez-vous une autre chose à ajouter ?
Le développement de ces cellules de maisons semble inversement proportionnel à la quantité de rencontres centrales qui sollicitent les membres (conflit de temps disponible entre l'organisation centrale et les GDM, et dépense accrue de forces). Il est par contre proportionnel à l'indice de confiance et de délégation d'autorité accordé aux responsables par le Conseil.

Pierre Bagnoly, pasteur à Marseille.

Votre église compte combien de personnes ?
Notre Église compte cent personnes, c'est-à-dire cinquante personnes engagées et cinquante personnes moins engagées.

Comment avez-vous commencé les cellules (GDM) et pourquoi ?
Notre Église locale est le résultat d'un GDM. Nous avons commencé à deux personnes avec la ferme intention de voir se développer une Église de ce GDM.

Combien de cellules/fraternités ou GDM avez-vous dans l'Église ?
Environ une douzaine, dont une à cent km, et une autre à huit cent cinquante km.

Votre Église a-t-elle connu une croissance numérique au travers des groupes de maison ?
Oui, nous avons multiplié nos contacts par le fait que les GDM sont devenus des tremplins pour que les gens se retrouvent dans notre culte dominical.

En quoi la qualité des disciples est-elle reliée à leur participation à un groupe de maison ?
Les croyants se retrouvent actifs en relevant le défi de prendre soin des autres, après la prédication (théorie), ils passent au service concret (la pratique).

Comment les fraternités se démultiplient-elles ?
Sous la responsabilité d'un responsable de GDM nommé par le Pasteur et travaillant en relation avec le Pasteur.

Quelles sont les qualifications requises pour devenir responsable d'une fraternité ?
Être obéissant, aimer les gens, savoir conduire une personne à Jésus (la prière de réconciliation), savoir faire une lecture avec un court commentaire d'un verset biblique, avoir la vision de l'Église locale et être obéissant, discipliné et organisé pour travailler de manière cohérente avec la vision globale de l'Église locale.

Est-ce que des personnes peuvent avoir plusieurs fraternités ?
Oui, un responsable de GDM peut avoir plusieurs GDM et exercer dans chacun ou simplement superviser.

Avez-vous une autre chose à ajouter ?
Je pense qu'il faut un an pour qu'une Église reçoive la VISION des GDM. Je pense qu'il faut encore un an pour que l'Église comprenne la STRATEGIE des GDM. Je pense qu'il faut encore un an pour que l'Église entretienne et travaille avec une onction spéciale pour les GDM. Après ces trois années, l'Église doit manifestement commencer à moissonner avec régularité sans connaître de limite.

FASCICULES DU MÊME AUTEUR...

Mobiliser l'Église à l'évangélisation.

Il est si important que la raison d'être de l'Église retrouve sa vitalité en partageant l'Évangile de façon très simple, quotidienne et adaptée à chacun. La croissance d'un mouvement dépend du nombre de personnes impliquées dans ce processus davantage que de spécialistes bien outillés.

Les objectifs de ce fascicule sont :

1. Produire une mentalité favorable au partage de l'Évangile,
2. Impliquer chacun dans le processus de gagner des gens au Seigneur,
3. Fournir des méthodes adaptées,
4. Préparer un département « Évangélisation » avec différentes équipes,
5. Changer notre programme d'Église pour avoir des temps d'entraînement. Formation, répétitions, évaluations et suivi du travail.

Un ouvrage qui ramène l'Église à une mentalité et une pratique de l'évangélisation, dans laquelle chacun est impliqué à sa mesure. (7,50 €)

Néhémie : Principes de restauration pour l'Église ou la nation

Cette étude n'est pas seulement une exégèse ou une approche historique du livre de Néhémie. L'objectif est de recevoir une communication du cœur et du dessein de Dieu pour Son œuvre. Il s'agit de saisir des principes de restauration après une période de déclin, de comprendre jusqu'où va notre vocation de chrétiens en ce monde, et de proposer une perspective de l'Église qui est dynamique, progressiste et vivante quant à son avenir. Ces principes sont précieux lorsqu'ils sont bien saisis et appliqués avec discernement.

Excellent pour une vision dynamique de la restauration. (6,50 €)

De l'Alpha à l'Omega

« C'est l'outil le plus précieux que j'ai écrit. A chaque fois que je l'utilise, je suis renouvelé » dit Philippe Joret. A l'heure où l'érosion des vérités bibliques produit des croyants sans conviction et aux valeurs flottantes, qu'il est bon de dire : « je sais en qui j'ai cru. » Les veines de la Parole de Dieu, les vérités théologiques fondamentales sont exposées avec vivacité et profondeur. Cet ouvrage est en deux tomes et couvre, entre autres, la théologie (Dieu), la christologie, l'anthropologie biblique, la doctrine du salut (sotériologie), la pneumatologie, les écoles eschatologiques...

Un « must » dans la formation biblique personnelle ou dans l'Église. (6,50 € par tome)

La cure d'âme

Les fondements bibliques et théologiques enracinent notre pratique dans les Écritures et montrent ce qui différencie la psychothérapie humaniste de la cure d'âme chrétienne. Comment faire une cure d'âme ? Quels sont les domaines à traiter ? Quelle est la part de la repentance ? Quelle part ont la délivrance ou la guérison intérieure ? La continuation de la cure d'âme pour une pleine restauration de notre image en Christ.

Un outil très utile pour la pratique pastorale et l'accompagnement des personnes. (6,50 €)

L'Église autrement

- L'Église... C'est quoi ? L'Église en progrès. Critères pour des Églises saines.
- Membre d'une Église de disciples. Piliers de la vie de l'Église des Actes.
- Les quatre dimensions de l'Église. Le gouvernement de Dieu dans l'Église.
- La croissance de l'Église. Une Église militante. La discipline dans l'Église.
- Le ministère des enfants. Nos rendez-vous avec Dieu. La vie relationnelle Allelon.

Un outil pour comprendre l'Église dans une autre perspective. De plus en plus utilisé. (9,00 €)

Homilétique

Ce cours est destiné à tous ceux qui sont appelés à partager la Parole de Dieu, dans un groupe ou une Église. Il touche la relation avec la Parole de Dieu, l'onction du Saint-Esprit, la personnalité et la vie du prédicateur. Ensuite, il traite des différents types de prédication, comment construire une prédication et comment communiquer avec plus d'impact. Des exercices pratiques sont proposés à la fin de chaque leçon.

Un outil précieux pour améliorer nos prédications. (6,50 €)

par lienhart
Achevé d'imprimer
en mars 2003
IMPRIMERIE LIENHART
à Aubenas d'Ardèche

Dépôt légal mars 2003
N° d'imprimeur : 6062
Printed in France